# 국회
# 프락치
# 사건의
# 증언

# 국회 프락치 사건의 증언

김정기 지음

한울

# | 차 례 |

## | 감사의 말씀 |

이 책이 세상에 나오기까지 많은 분들의 성원과 격려를 받았다. 그중에서도 '남로당 프락치'라는 오명을 덮어쓴 소장파 국회의원 후손들이 보여준 남다른 성원에 감사를 드린다. 몇 분의 이름을 들면 김옥주 의원의 아들 김진원 씨, 신성균 의원의 아들 신현국 씨, 노일환 의원의 조카 노시선 씨다. 특히 김진원 씨와의 만남이 없었다면 이 책의 출간은 생각조차 하지 못했을 것이다.

노시선 씨는 안타깝게도 2019년 초 별세했지만 그는 빨갱이로 낙인찍힌 후손들이 겪은 고초를 생생하게 그린 장문의 유고를 남겼다. 사실 필자가 이 책을 쓰게 된 동기는 이 유고에 비롯되었다고 할 수 있다.

이 유고를 보관하던 김진원 씨가 내게 전달해 주어 '국회프락치사건'의 고통스러운 역사가 13명의 국회의원들을 넘어 그 후손들에게 이어지고 있다는 것을 필자가 깨달은 것이다.

그 밖에도 신현국 씨가 지은 『아버지를 위한 변론(辨論)』(2018), 김진원 씨의 사촌 형 김진휴 씨가 남긴 자전적 서사 『산하, 은혜의 삶』(2012)도 필자가 이 책을 쓰는 데 적지 않은 보탬이 되었다. 『아버지를 위한 변론』을 쓴 신현국 씨는 필자의 원고를 꼼꼼히 읽고 어문법적으로 퇴고해 주기도 했다.

김진원 씨의 지인인 홍순길 씨는 서울대학교 법과대학에서 형사법을 전공한 분으로 이 책의 제3부 '마녀재판의 실상'에 대해 조언을 아끼지 않았다. 그의 아버지는 검사 홍종민(洪鍾敏) 씨이고, 할아버지는 대한민국 제1호 변호사 홍재기(洪在祺) 씨로 건국 초기 정읍에서 향판(鄕判)을 지낸 분이다. 이분은 한국전쟁 때 납북되어 필자 아내의 할아버지 민세(民世) 안재홍(安在鴻)과 같은 운명을 맞았다.

그리고 홍순길 씨와 필자는 이 책의 주인공인 12명 '프락치' 의원들의 북행이 이념이나 체제를 자발적으 로 선택한 것이 아니라 납북 내지는 이승만 정권에서 자행된 국가폭력이 강요한 타의적 선택이었다는 데 공감했다.

필자는 이 책 제3부에서 미국의 외교관 그레고리 헨더슨(Gregory Henderson)을 "위대한 기록자"로 칭양했다. 그가 남긴 국회프락치사건 재판 기록이 없었다면 신생 대한민국의 민주주의를 가름한 이 사건의 진상은 역사의 뒤안길에 묻혀버렸을 것이다. 헨더슨이 위대한 기록자라면 그의 아내 마이아 헨더슨(Mayer Henderson) 여사는 위대한 전달자라고 필자는 적어두고자 한다. 마이아 여사가 관련 기록과 함께 남편이 생전에 쌓아 올린 국회프락치사건 연구 실적을 필자에 전하지 않았더라면, 이 책의 원천인 『국회프락치사건의 재발견』(2008)은 햇빛을 보지 못했을 것이다. 새삼 헨더슨 부처에게 감사의 말씀을 올린다.

마지막으로 한울엠플러스(주)는 필자가 10여 년 전에 낸 책의 후속편인 이 책의 출간을 마다않고 받아주었다. 김종수 사장님을 비롯한 임직원분들께 심심한 감사를 드린다.

2021년 4월

이문동 우거에서 천장산을 바라보며

김정기

## | 프롤로그 |

국회프락치사건은 1948년 8월 15일 대한민국정부 수립이 선포된 지 1년도 못 되어 터진, 의문에 싸인 사건이다. 그해 5·10 총선을 통해 성립한 국회는 대한민국 정부를 탄생시킨 모태였다. 국회는 1948년 7월 17일 헌법을 만들어 선포하고, 대통령제 아래 채택한 헌법에 따라 초대 대통령으로 이승만, 부통령으로 이시영을 선출했으며, 국무총리로 이범석을 인준했다. 따라서 국회는 행정부를 탄생시킨, 문자 그대로 어미인 셈이다. 그런데 1년도 지나지 않은 1949년 여름 기형적으로 커진 자식이 어미에게 발길질을 거듭해 반신불수로 만든 사건이 터진 것이다.

필자는 이승만 정권이 자기를 낳아준 국회, 곧 자신을 낳아준 아기집을 기능적으로 파괴한, 가히 엽기적인 범죄행위를 저질렀다고 생각한다. 그뿐 아니라 뒤에 살펴보겠지만 남로당 '특수공작원'이라는 여인 정재한(鄭載漢)이 자신의 음부에 국회프락치의 실체가 담긴 암호 문서를 숨겼다가 드러났다는 당시 수사 기록은 한 편의 저질 정치 코미디에서나 볼 법한 이야기다.

그러나 이것이 정치 코미디로만 끝난 이야기가 아니라는 데 문제의 심각성이 있다. 여기에는 신생 대한민국 민주주의의 사활을 결정하는 정치적·역사적 사건이라는 엄중한 의미가 숨어 있다. 이승만 정권이 5·10 총선에서 정당하게 당선된, 15명이나 되는 국회의원을 '남로당 프락치'로 몰아 마구잡이로 구속하고 가혹한 고문을 자행한 행위 자체만으로도 오늘을 사는 우리에게 더할 나위 없는 충격이지만, 그것이 신생 대한민국 민주주의의 갈림길이 되었다는 점에서 지워지지 않는 역사의 오점으로 남아 있다. 여기에 이 사건을 복원해야 하는 까닭이 있다.

까닭은 또 있다. 이 사건을 계기로 만들어진 반공 신화는 남북관계에 치명적인 상처를 입히고 말았다. 게다가 그것으로 이 사건이 끝나는 것이 아님을 필자는 최근 뒤늦게 깨달았다. 이 사건과 쌍둥이처럼 따라다니는 반민족행위특별조사위원회(이하 반민특위) 사건에 연루된 이들의 후손, 그리고 '남로당 프락치'라는 누명을 덮어쓴 소장파 국회의원들의 가족과 후손들이 겪은 시련이 얼마나 혹독했는지를 깨달은 것이다.

1949년 국회프락치사건과 더불어 민주주의의 갈림길로 들어선 이후, 신생 대한민국의 정치적 현실은 암흑기로 이어진다. 1950년 여름에 터진 한국전쟁, 1952년 여름 아직 한국전쟁이 끝나지 않은 가운데 이승만이 저지른 이른바 부산정치파동, 이어 1960년 이승만 원시 독재체제가 4·19 학생혁명으로 무너지고 반짝 비친 민주주의의 햇빛이 박정희의 군사쿠데타로 스러지고, 그 뒤 기나긴 군사독재기로 접어든 것이다. 전두환의 신군부 쿠데타는 1980년대 중반기 시민혁명이 불러낸 노태우의 6·29 선언으로 무너지는 듯했으나, 이어 다시 유사한 군사독재가 이어졌다. 그 후 우리는 민주정치를 회복했으나 여전히 어두운 그림자를 드리우고 있는 정치 현실을 목격하고 있다. 그래서 우리는 더욱 엄중하고 치열한 생각을 멈출 수 없다.

### 새 책을 엮는 동기

필자가 『국회프락치사건의 재발견』을 출간한 한울엠플러스(주)로부터 이메일로 연락을 받은 것은 2019년 11월 13일이었다. 2008년에 책이 나오고 10여 년이 흐른 뒤여서 다소 어리둥절하지 않을 수 없었다. 내용은 뜻밖이었다. 프락치사건에 연루된 김옥주 의원의 아들이라는 분이 3권의 책을 축약하여 프락치사건에 조명해 한 권의 '축약본'으로 출간해 주었으면 한다는 것이었다.

그 뒤 김옥주 의원의 아들 김진원 씨를 몇 차례 만나는 과정에서 필자는 전혀 뜻밖의 사실을 발견하고서 놀라지 않을 수 없었다. 필자도 모르는 사이에 필자가 쓴 책이 살아 움직이고 있던 것이었다. 그중에 필자가 특히 주목한 것은 프락치사건의 '재발견'이 생물처럼 움직여 '증언'으로 진화한 것이다. 다시 말하면 프락치사건의 '재발견'된 실체가 새로운 '증언'으로 변신한 것이다.

새로운 증언은 재판정의 새로운 증언이라는 의미도 있지만 그뿐만

이 아니다. 국가폭력이 직접 희생자들인 '프락치' 국회의원들에서 멈추지 않고 그들의 후손에게까지 주홍글씨를 찍어 저지른 반인륜 범죄의 생생한 '증언'을 필자가 들은 것이다. 여기에는 노일환 의원의 조카 노시선 씨의 증언, 김옥주 의원의 아들 김진원 씨의 증언, 이어 신성균 의원의 아들 신현국 씨의 증언이 포함된다. 새 책의 제목을 "국회프락치사건의 증언"으로 정한 까닭이 여기에 있다.

생각하면 이 책은 오랫동안 잉태 과정을 거쳤다. 필자가 신현국 씨의 이메일을 받은 것은 2013년 9월 28일이었다. 필자는 그로부터 "저는 '국회프락치사건'의 피해자인 신성균 제헌의원의 막내아들입니다"로 시작되는 편지와 아울러 그가 쓴 원고『아버지를 위한 변론(辯論)』의 전문과 부록을 함께 받았다. 신현국 씨는 원고의 서문에서 필자가 쓴『국회프락치사건의 재발견』이 자신이『아버지를 위한 변론』을 쓰게 하는 결정적 동기를 제공했다고 썼다. 필자의 '재발견'이 생물처럼 움직여 증언으로 진화한 구체적 사례였다. 신현국 씨가 원고의 에필로그에서 한 말은 오랜 기간 필자의 기억 속에 맴돌았다.

> 내 가족을 분단되고 혼돈스러웠던 한 시대의 희생자라고 위로하려 드는 말은 차라리 공허하다. 표피적인 담론 속에 담아버리기에는 내 아버지, 어머니, 형님, 누님이 겪은 고난과 희생이 너무 실제적이었고 구체적이었다.

필자는 그만큼 그 글이 범상치 않다고 느꼈지만, 그렇다고 굳이 새 책을 써서 그것을 새롭게 담아보려는 생각은 아예 하지도 못했다. 그러다가 김진원 씨에게서 노일환 의원의 조카 노시선 씨의 유고를 받은 것이 결정적인 계기가 되었다. 노시선 씨는 김진원 씨에게 그가 쓴 유고를 건네면서 "내가 『국회프락치사건의 재발견』이라는 책을 우연히 발견했네. 그때 나의 마음은 깊이 숨은 용광로가 폭발하는 기분이었네"라고 말했다고 한다. 그 말이 필자에게 감동을 준 것도 사실이지만, 그보다 중요한 것은 그가 쓴 유고의 내용이었다. 거기에는 '프락치' 의원들의 후손들이 주홍글씨로 낙인이 찍힌 채로 이승만 정권이 자행한 국가폭력에 희생된 실상이 적나라하게 담겨 있었다.

'프락치' 국회의원들의 후손들이 '빨갱이'로 낙인찍혀 겪은 고초는 후손들이 남긴 글에서 생생하게 나타나고 있다. 신성균 의원의 아들 신현국 씨는 『아버지를 위한 변론』에서, 노일환 의원의 조카 노시선 씨는 '백부'를 위한 장문의 유고에서, 김옥주 의원의 조카인 김진휴 씨는 자전적 서사 『산하, 은혜의 삶』에서 '남로당 프락치' 의원들의 가족이 당한 고초를 그리고 있다. 그것은 또한 그리운 이들을 위해 후손들이 부르는 연가이기도 했다.

물론 후손들이 죄 없이 억울한 일을 당한 육친의 원혼을 달래려는 해원(解寃)도 이러한 글들을 남긴 한 가지 이유였을 것이다. 그러나 그것만이 다는 아니라는 것을 필자는 이 후손들과의 만남을 통해 깨달았다. 후손들은 간절한 글을 써서 사건의 진상을 밝히려 했다. 그것이 그들이

택한 해원의 방법이었고 시작이었다. 그 궁극적인 목적은 역사의 법정에서 정의를 실현하는 것이라고 필자는 생각한다.

신현국 씨는 그가 쓴 『아버지를 위한 변론』에서 그의 부모가 겪은 국회프락치사건을 둘러싼 엄중한 정치 환경과 그들이 처한 가족사를 부부가 정담을 나누는 형식으로 기술하고 있다. '부(夫=신성균)'가 '부(婦)'에게, 또 '부(婦=장귀례)'가 '부(夫)'에게 회고와 서간 형식으로 전하는 이야기다. 필자는 남편이 아내에게, 아내가 남편에게 전하는 이 이야기가 단순한 감상적인 글이 아니라 각종 기록을 바탕으로 사실을 촘촘히 검증하고 있다는 점이 놀라울 따름이다.

이들 후손이 남긴 책과 유고는 모두 필자가 쓴 『국회프락치사건의 재발견』을 통해 그들의 '아버지', '남편', '백부' 또는 '숙부'가 반공 검사 오제도가 씌운 누명대로 '빨갱이'이기는커녕 신생 대한민국을 빛낸, 자랑스러운 제헌국회 의원임을 깨닫게 되었다고 밝힌다. 그뿐이 아니라 그들을 '남로당 프락치' 의원이라고 법정에 세운 '공소'와 '재판'이 얼마나 엉터리였는지 알게 되었다고 밝히고 있다.

### 기록의 위대함, 위대한 기록자

책을 쓴 필자로서는 과분한 일이지만, 그것은 실은 위대한 기록자가 있어 가능한 일이었고 필자는 그 다리로서 몫을 했을 뿐이다. 그 위대한 기록자는 당시 미 대사관 삼등 서기관 그레고리 헨더슨이었다. 그는 위대한 기록자일 뿐만 아니라 기록의 위대함을 일깨운 주인공이다. 그가 없었던들, 그가 남긴 국회프락치사건 재판 기록이 없었던들, 후손들은 그들의 아버지, 백부, 숙부, 남편이 마냥 '남로당 프락치'로 남아 있는 현실을 그저 바라보고 있을 수밖에는 없었을 것이며, 그들에게 찍힌 빨갱이라는 낙인은 지워지지 않았을 것이다.

필자가 쓴 『국회프락치사건의 재발견』이나 그 후속 편으로 쓰고 있는 이 책도 그가 남긴 '기록의 위대함'이 없었던들 세상에 나오지 못했을 것이다. 필자는 운 좋게도 헨더슨이 남긴 기록을 모두 넘겨받아 소장하고 있다. 여기에는 헨더슨과 맺은 남다른 인연이 있다. 이에 관해서는 제3부에서 헨더슨의 공판 기록을 서술할 때 이야기할 것이다.

'국회프락치' 의원들이나 후손들이 겪은 고초나 번민을 그냥 넘기면 안 된다는 역사의 엄중함이 다가왔다. 필자는 이런 깨달음에서 새 책으로 이들에게 어떤 응답이라도 주어야만 한다는 어떤 인간적 의무가 어깨에 무겁게 얹히는 것을 느꼈다.

마지막으로 필자가 이들이 남긴 글에서 발견할 수 있었던 것은 이들이 겪은 가족사의 비극이 신생 대한민국이 겪은 역사와 깊은 접점이 있다는 사실이다.

### 책의 내용 구성

이 책은 모두 3부 8장으로 구성했다. 제1부는 세 장으로 이루어지는데 제1장은 국회프락치사건 자체를 조명해 국회프락치사건이란 무엇인가라는 질문에 답하고, 이어 제2장은 이 사건은 조작되었는가, 그렇다면 조작자들은 누구인가 등 이 사건을 둘러싼 기본적인 의문에 대해 해결의 실마리를 '작은 프락치사건'을 통해 찾고자 했다.

이어 제3장은 국회프락치사건의 여파로서 일어난 어처구니없는 사건들을 들여다보고자 한다. 특히 남로당 여간첩이라는 정재한을 둘러싼 미스터리를 파헤쳐 정치 드라마적으로 재구성해 보려 한다. 여기까지는 국회프락치사건의 범위에 머무는 이야기가 중심을 이룬다.

다음으로 제2부도 세 장으로 구성했다. 제4장은 '남로당 프락치'로 옭매인 '프락치' 의원들이 1950년 6월 한국전쟁의 와중에 9·28 서울 수복 직전 북행을 한 까닭은 무엇인가, 그리고 북행한 '프락치' 의원들은 북녘에서 어떤 삶을 살았는가라는 질문에 답하고자 한다.

제5장은 북행한 '프락치' 의원들의 가족과 후손들이 낙인찍힌 채 이승만 정권이 휘두르는 국가폭력의 표적이 된 실상을 살펴본다. 그럼에도 후손들은 북행한 이들을 기리는 연가를 불렀다. 제6장은 후손들이 부르는 비련의 연가를 재현하고자 한다.

마지막으로 제3부는 두 장으로 구성했는데, 제7장은 '프락치' 의원들의 이른바 '고백원문(告白原文)'을 통해 에둘러 드러난, 그리고 재판정 진술을 통해 직접적으로 드러난 고문 수사의 실상을 들여다본다. 이어 제8장은 노일환 의원의 조카 노시선 씨가 남긴 유고에서 제시한 새로운 증거의 실체와 의미를 살피고자 한다. 그것은 한 방청객의 제14회 공판정 목격담인데, 국회프락치사건의 기소와 공판이 지닌 실체를 가늠할 수 있는 새로운 증거로서의 성격을 띤다. 이와 함께 그레고리 헨더슨이 남긴 프락치사건 공판 기록이 프락치 사건의 진상을 밝히는 역사적 문헌이며, 또한 검사 오제도와 판사 사광욱의 검은 얼굴을 밝혀내는 증거록이기도 함을 밝힐 것이다.

이 책은 필자가 쓴 『국회프락치사건의 재발견』의 후속 편이라 할 수 있다. 앞의 책이 '남로당 프락치' 누명을 쓴 소장파 국회의원들이 겪은 이야기라면, 이 책은 이 국회의원들의 가족과 후손들이 겪은 이야기가 중심이다. 그들은 '빨갱이'라는 낙인이 찍힌 뒤 국가폭력의 표적이 되어 가혹한 신체적 고문은 물론 영혼의 학대를 받는다. 그것은 단순히 '프락치' 국회의원의 가족 몇 명이 당한 일을 넘어 민족의 비극에 다름 아니다. 남은 가족들은 그토록 가혹한 고통을 겪었음에도 그리운 이들을 위한 연가를 부른다. 그것은 핏줄을 향한 가족애를 넘어 민족의 정담(情談)이라 할 수 있다.

그 밖에도 이 책에는 새로운 내용도 추가했다. 그것은 '프락치사건의 조작자들'이 새롭게 밝혀진 것이다. 장경근 차관, 김준연 의원 등이 그들인데, 그 위에 그들을 수족처럼 부린 이승만이 도사리고 있음은 말할 나위도 없다.

# 제1부
# 국회프락치사건의 진상

제1부는 세 장으로 구성했다. 제1장에서는 국회프락치사건의 표적이 된 소장파에 주목하여 그들은 누구이며, 제헌국회 단상에서 무슨 일을 했는지에 초점을 맞추고자 한다. 그로써 이승만 단독정부 정권과 소장파 세력이 적대관계가 된 이유를 더불어 설명할 수 있을 것이다. 이어 제2장에서는 국회프락치사건 자체에 눈을 돌려 이 사건의 조작자들에 초점을 맞춰 그 성격과 배경을 짚어보려 한다.

마지막으로 제3장에서는 이 정치사건을 사법사건으로 돌리기 위해 오제도 검사가 제출한 '증제 1호', 즉 '남로당 특수공작원'으로 등장한 미스터리의 여인 정재한을 둘러싼 정치 코미디를 다루려고 한다.

국회프락치사건은 1948년 5·10 총선으로 성립된 신생 대한민국 민주주의의 사활을 가른 상징적 사건이다. 이 사건을 분수령으로 대한민국은 민주주의의 길로 나아가는 대신 독재의 길로 퇴행한다. 이 사건의 진상은 무엇인가? 이 사건이 가르쳐주는 교훈은 무엇인가? 이것이 제1부에서 답하고자 하는 질문들이다.

제1장

# 국회프락치사건 터지다

국회프락치사건은 1948년 5·10 총선에서 당선되고 결집한 소장파 의원들을 이승만 정권이 '남로당 프락치'라는 올가미로 묶어 정치적으로는 물론 물리적으로도 제거한 사건이다. 이 사건을 이해하기 위해서는 먼저 총선 뒤 이승만의 반대 세력으로 결집한 소장파를 살펴볼 필요가 있다. 소장파, 그들은 누구인가?

## 1. 소장파의 등장

1948년 5·10 선거에는 상해 임시정부 지도자 김구와 김규식 등 민족진영의 단독정부(이하 단정) 반대 세력은 불참했으나, 이승만 단정 세력에 현실적으로 대항하기 위해 많은 젊은 정치 지망생들이 '무소속'으로 출마했다. 그 결과 그 밖의 여러 세력이 선거에 참여해 성립한 제헌국회는 이승만을 지지하는 대한독립촉성회(이하 '독촉')와 한국민주당(이하 '한민당')을 핵심으로 하는 '극우 세력의 정치적 장'이 된 것만은 아니었다(윤민재, 2004: 413).

5·10 총선 결과 독촉 55명, 한민당 29명, 대동청년단 12명, 조선민족청년당(이하 '족청') 6명, 대한노동총연맹 1명, 대한독립촉성총연맹 2명, 기타 단체 10명, 무소속 85명이 당선되었다. 미군정의 후원 아래 5·10 총선에 적극 참가한 단정 추진 세력은 국회 진출에서 그다지 큰 성과를 얻지 못했다. 특히 한민당의 경우 부진을 면치 못했다. 독촉과 한민당은 의석을 합쳐도 원내 과반수에 미달한 한편, 무소속은 85명이나 당선되었다. 여기에는 한민당의 공천을 얻지 못해 또는 일부러 한민당 공천을 피해 무소속으로 출마한 인사들, 그리고 한국독립당(이하 '한독당')에서 당명을 어기고 나와 출마한 중도파 인사들이 포함되어 있어 제헌국회의 인적 구성은 복잡한 성격을 띠었다.

이는 원내 여러 세력의 이합집산 끝에 소장파 의원들이 득세할 수 있는 틈새가 있었음을 보여준다. 부연하면 원내로 진출한 여러 정치세력 중 어느 한 정파나 특정 세력이 주도적인 위치를 확보하지 못한 채 제헌국회가 출발했기 때문에, 각 세력의 주도권 경쟁이 치열하게 전개되는 가운데 조봉암을 중심으로 무소속구락부가 나타났다. 그렇다고 독촉-한민 연합 세력과 무소속구락부가 여야로 구분되는 것은 아니었다. 한민당이 정부 수립 전 국무총리와 각료 인선에서 소외되면서 독촉-한민당 연합 세력이 무너지고, 다른 한편에서는 이승만에 대한 지지를 둘러싸고 무소속구락부도 핵분열을 일으켰다. 그 결과 이승만을 지지하는 의원들이 무소속구락부에서 이탈해 이정회(以正會)를 결성했다.

이런 과정을 거치는 동안 원내에서 여야 세력이 구분되기 시작했다. 이정회가 이탈한 뒤 무소속구락부는 다시 동인회(同人會: 한독당계 서클), 청구회(青丘會: 족청계 서클), 성인회(成仁會: 급진적 이론파) 등 세 파로 분산되어 완전히 해체되었지만, 다시 이 세 파에 소속된 젊은 의원들이 소장파라는 정치세력으로 결집을 하기 시작한 것이다. 따라서 원내 세력은 이승만에 형식적으로 거리를 둔 한민당, 그를 적극적으로 지지하는 이정회, 개혁의 목소리를 대변하는 소장파로 나뉘게 되었다.

소장파 의원들은 제1회 국회 때(1948년 5월 31일~12월 18일) 약 60명 내외로 등장했으며, 제2회 국회 때(1948년 12월 20일~1949년 4월 30일) 동인회와 성인회가 합친 동성회가 청구회와 연합전선을 펴면서 70여 명 선으로 불어났다. 이들은 주요 국정 운영에서 이승만 정권과 대립각을 세우면서 위세를 떨쳐, 제2회 국회가 열렸던 1948년 12월 20일부터 1949년 5월 프락치사건이 터질 때까지 약 반년 동안 '소장파 전성시기'를 구가했다(대한민국건국10년지 간행회, 1956: 216).

이들의 위세는 보수 세력의 정당 개편을 일으킬 정도였다. 부연하면 한민당은 소장파가 외친 개혁의 목소리에 수세에 몰렸고, 국민의 지지가 약화되는 것을 피할 수 없었다. 한민당은 결국 대한국민당의 신익희 세력과 대동청년단의 지청천 세력과 규합하여 1949년 2월 1일

민주국민당의 모습으로 잔존하는 길을 택했다.

그렇다고 소장파가 그 자체로 정당 간판을 올린 것도 아니어서, 단일한 소속감으로 뭉친 정치단체로 보기 어려웠다. 소장파는 가장 넓게 잡았을 때 80명, 소극적 참여자를 포함한 통산적인 규모는 60여 명, 비교적 지속적인 입장을 견지해 온 적극적 구성원은 50여 명, 그리고 시종일관 행동에 통일성을 보인 핵심 세력은 30여 명 선에 머문 것으로 알려졌다(백운선, 1992: 84~85). 소장파를 광범하게 잡았을 때, 독촉 관계자가 20여 명이나 되었고, 우익 청년단체 출신자들도 18명이나 되었으며, 소장파의 주도적 인물인 노일환은 한민당원으로 국회의원에 당선된 사람이었다. 이 중 민족진영계라고 볼 수 있는 건준(조선건국준비위원회)이나 민련(민족자주연맹) 관계자는 8명, 한독당 관계자는 8명밖에 되지 않았다. 그런데도 이 소장파 의원들은 어떻게 민족주의적이고 개혁적인 목소리를 통일적으로 내어 위세를 떨칠 수 있었을까? 서중석(1996)은 다음과 같이 설명한다.

> 해방과 함께 민족 혁명적 변혁적 기운이 높았는데, 이것이 이 시기까지 남아 있었고 그것에 분단위기가 겹쳤다. 그리하여 이 시기에는 친일파 처단, 토지개혁, 평화적 자주 통일에의 요구가 다른 진보적 주장과 함께 강했던바, 이러한 분위기가 헌법기관으로 민족과 국가의 운명을 짊어졌다고 자부하는 소장제헌국회의원들의 민족의식, 양식, 정의감에 영향을 미쳤을 것이다. 특히 지식인, 언론인들은 민족문제, 진보적 개혁에 민

감한 반응을 보이고 여론을 형성하였는데, 이것이 여론에 민감한 젊은 의원들에게 자극을 주었을 것이다. 친일파 처단에 대해서는 언론기관들이 적극 호응하였다. 그 반면 극우단정세력들은 위와 같은 분위기와 정부수립 초기의 미비, 미숙 때문에 상대방에 대한 위해나 위협, 탄압을 즉각적으로 하기가 어려웠다(서중석, 1996: 102~103).

해방과 함께 닥쳐온 민족적·혁명적 분위기가 미군정 3년이 끝난 뒤에도 여전히 무시할 수 없는 힘으로 남아 그것이 제헌국회 소장파 세력을 지지하고 있었던 것이다. 그러나 소장파의 목소리는 사그라진다. 그것은 칼을 든 이승만 정권이 소장파에게 경찰국가에서나 볼 법한 국가폭력을 가했기 때문이다. 그것이 바로 반민특위에 대한 경찰 습격 사건으로 표면화된 프락치사건이었다.

## 2. 사건의 전말: 소장파 체포에서 몰락까지

1949년 4월 말경 소장파의 리더 격인 이문원 의원이 비밀리에 체포되었다. 언론매체에서 그를 비롯해 이구수 의원과 최태규 의원 등 3명의 국회의원이 체포된 사실을 보도하기 시작한 것은 5월 20일경부터다. 신문들은 이들이 5월 18일 전후에 체포되었다고 보도했다. 이것이 국회프락치사건의 서막을 연, 1차 국회의원 검거다. 그 뒤 소장파에 속하는 국회의원 15명이 2차, 3차에 걸쳐 그해 8월 중순까지 체포됨으로써 이른바 국회프락치사건이 본모습을 드러내기 시작했다.

소장파 국회의원 2차 검거는 1949년 6월 20일 제2회 국회가 끝난 직후 헌병을 동원해 실행되었다. 6월 21일 노일환, 강욱중, 김옥주, 김병회, 박윤원, 황윤호가 체포되고, 이어 소장파의 정신적 리더 격인 김약수 국회 부의장이 6월 25일 체포되었다. 이로써 2차 검거로 체포된 7명을 합치면 구금된 의원이 10명에 이르렀다.

소장파 국회의원의 체포는 이것으로 끝나지 않았다. 제4회 국회가 1949년 7월 30일 폐회된 뒤 3차 검거가 집행되었다. 8월 10일 국회의원 배중혁과 차경모가 검거되었고, 8월 14일 서용길, 신성균, 김봉두가 마지막으로 체포되었다.

이로써 한 연구자가 표현했듯이 "반대연합 국회의원들은, 국가가 마음에 안 드는 국회의원들을 마치 순서를 정해 굴비를 엮듯 시차를 두고 구속되었다"(박명림, 1996: 465). 프락치사건에 연루되어 3차에 걸쳐 검거된 국회의원은 총 15명에 이르렀다.

오제도 검사는 프락치사건 수사를 주도했는데, 구속된 15명 중 다시 차경모와 김봉두를 제외하고 국회의원 13명을 재판에 회부했다. 재판에 회부된 피고는 변호사 오관과 5·10 선거 때 이문원 후보의 선거사무장으로 일했던 최기표를 합해 15명이다. 피고들은 첫 검거 뒤 무려 7개월이 지난 11월 17일 첫 공판이 열리기 전까지 헨더슨의 표현대로 '소통불능(incommunicado)' 상태에서 수사기관이 자행한 고문을 포함한 강압수사를 받아야 했다.

### 소장파의 몰락

이승만 세력은 미국의 후원 아래 단정 정부를 세운 뒤 반공주의의 이름으로 독재체제를 강화해 나간다. 이승만은 자신의 리더십에 대한 어떠한 도전도 허락하지 않았다. 그 결정적인 계기가 된 것이 1948년 10월 터진 여수·순천반란사건(이하 '여순반란사건')으로 보인다. 제주 공비 소탕작전에 투입 명령을 받은 제14연대가 국방경비대에 침투한 남로당 계열의 젊은 장교들과 하사관들을 부추겨 10월 19일 전남 여수에서 반란을 일으켰다. 이 반란에 민중이 가담해 반란군은 대번에 3000명으로 불어나 여수를 점령하고 "인민공화국 지지"를 외쳤다. 이 반란군은 순천까지 석권하여 무기 창고를 접수하는가 하면 경찰서를 불살랐다. 이들은 '인민재판'을 통해 경찰관, 군 장교, 정부 관리 수백 명을 처형했다. 민중이 폭도화된 것은 경찰의 부패와 권력남용에 대한 적개심이 작용한 것이 중요한 요인이었지만, 뒤에 이는 묻혀버리고 오로지 공산분자의 정부 전복 음모만이 부각되었다.

여순반란사건 뒤 미국 대사관이 신생 이승만 정권의 존망에 대해 내린 전망은 결코 밝지 않았다. 존 무초(John Muccio) 대사는 정치적 관용과 개혁 조치만이 국민의 신망을 얻을 수 있고 그래야만 북한 측의 선전을 막을 수 있다고 보았지만 사정은 녹록하지 않았다. 무초가 여순반란사건이 평정되기 하루 전인 1948년 10월 26일부터 11월 초순까지 국무부에 보낸 전문은 그의 어두운 전망을 반영하고 있다.

그는 한 전문에서 북으로부터 침공이 있을 경우 대한민국이 생존할 전망이 밝지 않다면서, 이승만의 "고압적인 통치(heavy-handed leadership)에 대해 민중의 반대가 치솟고 있다"라고 우려했다. 그는 국내 정치 상황이 "심각한 모습을 보인다"며, 북한의 침공이 1949년 봄에 있을 것으로 내다보았다(주한 대사가 국무장관에게, 1948년 10월 26일, *FRUS* 1948, VI, pp.1325~1327).

한편, 여순반란사건에 대한 이승만의 대응은 '국가보안법' 체제를 만드는 것이었고, 그 결과는 철통같은 반공 체제 아래 독재를 강화하는 것이었다. 국회프락치사건은 이와 같은 국내외 정치 환경에서 일어났다. 미국은 봉쇄정책의 틀 안에서 한국 문제에 접근하기로 했는데, 그것은 소련 공산주의의 팽창을 막기 위해서 미국이 군사적 보호를 제공하기보다는 한국의 자력 방어 능력을 높이는 것을 핵심으로 하는 전략이었다. 문제는 미국이 한국의 자력 방어 능력을 높이기 위해 경제 및 군사 원조를 한다 해도 이승만의 고압적 독재와 개혁 프로그램의 실종으로 국민의 신망을 잃고 있었다는 점이었다. 그 좋은 예가 바로 국회프락치사건이었다. 이승만 정권에 대한 실망감이 광범위하게 퍼진 상황에서 이 사건에 걸려든 소장파 국회의원들이 개혁 입법을 통해 여론의 주목을 받고, 이른바 '소장파 전성시대'를 구가할 만큼 무시할 수 없는 정치세력이 된 것은 이미 살펴본 바와 같다.

당시 소장파는 유엔 한국위원단(United Nations Commission on Korea:

UNCOK, 이하 '새 유엔한위') 활동을 앞두고 1949년 2월 5일 김병회 의원 외 70명이 '남북평화통일에 관한 긴급결의안'을 국회에 제출했다. 이 71명의 의원이 서명하여 제출한 결의안은 첫째, 이승만·김구·김규식 등 민족적·애국적 진영은 총단결하여 민족 역량을 집결하도록 노력할 것, 둘째, 남북 평화통일을 실현하기 위해 유엔 결의에 의한 한국 내 주둔 외군의 즉시 철퇴를 실현하도록 새 유엔한위에 요청할 것을 주장했다(『제헌국회속기록』 제2회 24호, 1949년 2월 7일).

이 결의안은 기립 투표를 한 결과 재석 159명 중 가 37표, 부 95표, 기권 27표로 부결되었으나, 적어도 이 결의안에 반대하지 않은 의원이 64명이나 되어 '남북평화통일에 관한 긴급결의안'이 적지 않은 의원들의 동조를 얻고 있음을 보여주었다.

## 외군 철수 진언서

국회 소장파 의원들은 '남북평화통일에 관한 긴급결의안'이 폐기된 뒤 다시 새 유엔한위를 찾아 주한 외군 철수에 관한 진언서를 제출한다. 그런데 소장파 의원들이 새 유엔한위에 제출한 진언서가 전혀 헛된 일만은 아니었다. 그것은 새 유엔한위 사무국장 에곤 란쇼펜베르트하이머(Egon Ranshofen-Wertheimer) 박사가 사뭇 독자적인 행보로 소장파가 주장하는 남북협상과 외군 철수 제안에 공감하는 행동을 보였기 때문이다.

오스트리아 출신으로 미국으로 이민한 국제 외교관이자 학자 출신의 란쇼펜베르트하이머는 소장파 의원들이 1949년 3월 19일 62명의 이름으로 유엔한위에 '주한 외군 철수를 촉구하는 진언서'를 제출했을 때, 그 대표인 김약수 국회 부의장과 함께 온 소장파 의원들과 진지하게 협의를 했다.

그것이 계기가 되었는지 이승만 정권은 소장파의 리더 이문원 의원을 그로부터 약 한 달 반 뒤인 4월 말경 체포했다. 소장파 의원들이 새 유엔한위 사무국장의 진지한 반응에 고무된 것은 사실인 듯하다. 김약수 부의장 등 6명의 의원들은 프락치사건으로 국회의원들이 1차 검거된 뒤에도 6월 17일 다시 유엔한위 란쇼펜베르트하이머를 만나 의원 62명의 이름으로 미 군사고문단 설치에 반대한다는 서한을 건넸다. 그 여파로 이들 의원을 포함한 7명이 6월 21~25일 체포되었다.

이승만 정권은 새 유엔한위의 활동에 촉각을 곤두세우고 있었다. 그것은 이 유엔 기구가 점령외군의 한반도로부터 철수를 감시하고 검증하며, 한반도의 재통일을 위해 노력할 뿐만 아니라 "국민의 자유로운 표현 의사에 근거한 대의제 민주정의 계속 발전을 위해 관찰과 협의"를 해야 한다는 광범한 임무를 떠맡고 있는 것에 불안을 느끼고 있었기 때문이다. 아직 새 유엔한위가 본격적인 활동에 들어가기 전인 1949년 2월 중순, 이승만은 유엔한위가 북한 정권과 접촉하는 것은 공산 정권을 묵시적으로 승인하는 것이라고 주장하면서, 유엔한위의 임무는 대한민국을 절대적으로 지지하고 북한 정권의 불법적이며 비민주적인 성격을 조사하는 것이라고 천명했다.

이는 새 유엔한위 측에서 보면 그 임무를 간섭하는 것이기 때문에 불가피하게 마찰이 예고되어 있었다. 새 유엔한위 사무국 차장 샌퍼드 슈워츠(Sanford Schwarz)가 신문기자와의 인터뷰에서 1949년 3월 북한 지도자와 독자적 입장에서 접촉하겠다는 의사를 표명하자, 당시 윤치영 내무장관은 국회에 출석해 "샤바츠[슈워츠]가 북쪽 요인을 만난다고 하면 그것은 대한민국에 반항하는 반역자와 만나는 것이므로 절대 반대한다"라고 비난하면서 대한민국은 불법으로 점령당한 영토의 회복을 위한 방어권을 발동할 뿐이므로 평화적 통일이라든가 하는 것은 있을 수 없다고 말했다. 또한 기자가 "북에서 남을 친다든지 남에서 북을 친다든지 하는 것을 어떻게 생각하느냐"라고 물은 것은 북쪽의 주권을 인정하는 발언이므로, 대한민국의 신민(臣民)으로 이러한 말을 쓰는 것을 그대로 둘 수 없다고 극언했다(『제헌국회속기록』 제51호 및 제54호, 1949년 3월 11일 및 15일 자).

이러한 발언에 대해 소장파 국회의원 강욱중·노일환 등은 북쪽 요인을 만났다는 것만으로 주권 침해라고 볼 수 없으며 평화통일이 될 수만 있다면 그것보다 더 좋은 일이 어디 있느냐고 반박하면서, 기자들의 질문에 대해 주권 침해이자 대한민국을 무시한 것이라고 한 윤 장관의 말은 "궤변 중의 궤변"이라고 공박했다. 이들은 곧 체포되지만, 그 직전까지 소장파로서 목소리를 낸 것이다.

## 요약과 결론

1948년 5·10 총선 뒤 등장한 소장파 세력은 이승만 정권이 무시하지 못할 반대 세력으로 결집했다. 그러나 이승만 정권으로서는 이들을 처리할 뾰족한 수단이 없었다. 명색이 민주주의의 한 축인 의회의 구성원들이어서 그들을 경찰력으로 제압하는 데는 한계가 있었다. 게다가 정치적 후원자인 미국의 눈초리를 의식하지 않을 수 없었다.

이 소장파들은 평화통일론뿐만 아니라 '농지개혁법', '지방자치법' 등 개혁 입법을 통해 '소장파 전성시대'를 구가할 만큼 무시하지 못할 정치 세력이 되었다. 이승만 정권으로서는 어떻게든 이들을 제거해야만 했다. '남로당 프락치'라는 아이디어는 바로 이러한 필요에서 등장했다. 노회한 이승만의 계책은 적중했다. 도대체 여기에는 어떤 배경이 도사리고 있는 걸까? 그 배경을 살피보기 전에 먼저 국회프락치사건의 조작과 그 조작자들을 추적해 보자.

제2장

# 국회프락치사건의 조작자들

앞으로 살펴보겠지만, 국회프락치사건은 조작된 성격이 뚜렷하다. 그렇다면 조작자들은 누구인가? 미국 대사관의 헨더슨(Henderson, 1968)이 파악한 것처럼 이 사건은 정치적 사건이요, 이 사건의 재판도 정치재판에 다름 아니었다. 헨더슨은 프락치사건의 정치적 성격에 대해 이승만 정권의 독재체제 운영과 관련지었다. 그는 이승만 정권이 국회와의 힘겨루기 싸움에서 국회를 무력화하고 소장파를 때려잡기 위해 정치적으로 음모를 꾸민 것이 프락치사건이라고 말하고 있다.

헨더슨은 프락치사건을 1949년 5월 18일 이문원 국회의원 체포, 6월 6일 국회 반민특위에 대한 경찰 습격, 6월 25일 국회 부의장 김약수 체포, 6월 26일 김구 암살로 이어지는 일련의 정치 테러의 일환으로 본 것이다.

국회프락치사건은 이 사건에 연루된 의원 대부분이 소장파 의원이라는 점에서 이승만 정권에 의한, 특히 소장파를 거세하기 위한 정치공작 차원의 음모가 개재되었다는 정황이 엿보인다.

## 1. 의회에 대한 정치 테러

이문원·이구수·최태규 의원이 제3회 임시국회를 개회하기 직전 체포되자 국회는 1949년 5월 24일 그들의 석방을 둘러싸고 찬반 토론을 벌인 끝에 부결시켰다. 그런데 석방을 해야 한다고 투표한 의원이 88명에 이르렀다. 그 뒤인 5월 31일 난데없이 국민계몽회의라는 단체가 파고다공원에서 이른바 '민중대회'를 열고 "구속된 세 의원이 공산당원인데, 이들 공산당원을 석방하라고 한 88명의 의원도 공산당원이다"라는 식으로 선동했다. 이들은 그 자리에서 이의를 제기한 국회의원 유성갑을 폭행하여 중상을 입혔으며, 김옥주 의원도 뭇매를 맞았다. 그런데 이 단체가 실제로 공격한 표적은 반민특위였다.

이들은 6월 2일 다시 민중대회를 연 뒤 국회와 중앙청으로 진입하기까지 했다. 이 사건은 국회를 격앙시켰으며, 국회는 국무총리 이하 전 각료가 인책 퇴진할 것을 요구하는 결의안을 가결했다. 그러나 이들은 국회의 격앙된 태도에 아랑곳하지 않고 6월 3일 다시 남대문로 반민특위 사무실에 진입해 "반민특위는 빨갱이의 앞잡이다"라고 외치며 반민특위 조사위원들과 대치했다. 이런 불법시위는 경찰이 배후에서 지원하지 않고는 불가능한 일이었다. 반민특위의 요청으로 경찰이 출동하기도 했지만, 수수방관하는 자세를 보였다(허종, 2003: 3249). 반민특위는 이런 불법시위의 배후에 서울시 경찰국 사찰과장 최운하 등 친일 경찰 간부가 있다는 것을 알고 전부터 구속하고자 했던 최운하와 종로서 사찰주임 조응선을 구속했다. 특히 최운하는 프락치사건에서 국회의원 1차 검거 때 주동적인 역할을 했던 인물이다.

그 뒤 6월 6일 경찰에 의한 반민특위 습격사건이 일어나 반민특위는 와해되고 친일파 처단이 유야무야 끝났는데, 이는 친일파 처단에 앞장섰던 반민특위에 대해 이승만 정권이 경찰을 동원하여 자행한, 물리력에 의한 탄압으로서 프락치사건과 궤를 같이하고 있었다.

김수선 의원은 반민특위 경찰 습격을 "경찰의 쿠데타 사건"(『제6회 정기국회 속기록』 제42차, 1950년 3월 2일, 966쪽)이라고 불렀고, 헨더슨은 프락치사건에 연루된 소장파 의원들의 체포를 이승만 정권이 자행한 "국회에 대한 테러요 쿠데타"라고 불렀다. 헨더슨이 보기에 이러한 체포와 탄압은 경찰이 묵시적으로 지원하고 경우에 따라서는 노골적으로 앞에 나서기까지 했던 테러이며, 관제 테러단체가 경찰의 지원 아래 대규모로 동원된 것이 특징이었다. 이는 1952년 부산정치파동 때도 나타난 정형화된 하나의 정치 테러 패턴이었다.

## 2. 사건 조작자들의 군상

정경모 씨가 1973년 8월 8일 일어난 김대중 납치 사건을 다룬 당시 일본 신문을 살펴보고 있다(2006년 7월 19일, 그랜드팰리스호텔 스카이라운지에서, 필자 촬영).

일본의 수도인 도쿄 근교 요코하마에는 해방 전후사에 밝은 정경모(鄭敬謨)라는 문필가가 살고 있다. 필자는 2006년 7월 19일 그와 만나 대담을 나눈 적이 있다. 그는 그때 30여 년 전, 즉 1973년 8월 8일 오후 3시경 일어난 김대중 납치사건을 회고했다. 그는 괴한들이 김대중을 납치한 지 1시간 30분쯤 지났을 때 사건이 일어난 현장 이다바시(飯田橋) 그랜드팰리스호텔로 달려가 사건 발생을 확인하고는 신주쿠(新宿) 게이오프라자호텔로 달려갔다. 거기서 전 유엔 대사 임창영(林昌榮)과 협의 끝에 당시 터프트대학 교수이던 그레고리 헨더슨에게 국제전화로 이 사실을 알렸다고 했다.

그때가 보스턴 시각으로 새벽 2시 반이었다. 헨더슨은 잠시 생각하다가 하버드 법과대학 제롬 코언(Jerome A. Cohen) 교수에게 이를 알린다. 코언은 김대중의 생명이 위험하다는 것을 직감하고 에드윈 라이샤워(Edwin O. Reischauer) 교수에게 알렸고, 라이샤워는 다시 헨리 키신저(Henry A. Kissinger) 보좌관에게 알려 김대중을 구했다고 말했다.

## 조작과 음모

이야기를 프락치사건으로 되돌려 보자. 헨더슨은 정경모(2002)가 제기한 프락치사건 조작설에 공감한 듯하다. 이 조작설은 김준연(金俊淵) 의원을 비롯해 그의 비서로 일했던 김지웅(金志雄)이라는 '악마'에 주목한다. 곧 정경모에 의하면 김지웅이 김구 암살의 실제 연출을 맡았으며, 국회프락치사건의 '악마적 각본'을 썼다는 것이다.

정경모가 기술한 김지웅의 '악마적 각본'은 그가 1984년 처음 출판한 『찢겨진 산하(斷ち割かれた山河)』[1]에서 나왔는데, 이를 정경모의 친구인 유의상이 헨더슨에게 전해준 것이다. 이에 대해 헨더슨은 1986년 정월 초하루 자 답장에서 정경모의 설명이 '많은 것을 깨우쳐주는(enlightening)' 것이라면서 다음과 같이 쓴다.

> 나는 개인적으로 정경모의 설명이 많은 것을 깨우쳐준다고 생각합니다. 예컨대 내가 분명히 기억할 수 있는데, 1949년 내 집에서 오찬을 하던 중 김준연이 프락치 국회의원들을 맹렬히 비난한 일이 있습니다. 다

1 이 책은 정경모가 1979년 이래 '씨알의 힘(シアレヒム)'이라는 사숙(私塾)을 열어 강의한 내용을 동명의 일본어 잡지로 펴냈는데, 이 잡지 제6호 ≪삼선각 운상 경륜 문답(三先覺雲上經綸問答)≫을 단행본으로 발간한 것이 『斷ち割かれた山河』(1984, 影書房)이다. 한겨레신문사는 2002년 『찢겨진 산하』라는 제목으로 이 책의 번역본 증보판을 냈다. 이 책의 프락치사건 부분은 '한국 문제 전문 잡지' ≪씨알의 힘≫ 제2호(1981년 7월)에 실린 「비화: 반민특위 시말기」를 근거로 했다.

른 대목도 또한 내게는 일리 있게 들립니다. 그런데 문제는 '전거(典據, reference)'의 어려움입니다. 당신과 나는 정경모의 정직성과 독자성을 높이 사지만, 그가 구술한 의견은 약간 확신을 주지 못하는 면이 있습니다. 이런 의견에 대해 내가 인용할 수 있는 기록된 전거가 있나요?[헨더슨 프락치사건 자료, '빌에게(Dear Bill)', 1986년 1월 1일 자 서한].

유의상이 이 서한에 답장을 하며 전거로 든 것이 바로 일본어로 출판된 『断ち割かれた山河(찢겨진 산하)』(1984)이다. '운상정담(雲上鼎談)'이라고 부제를 붙인 이 책은 해방 정국에서 암살당한 김구, 여운형, 그리고 박정희 정권 시절 암살당한 장준하 등이 천상에서 정담을 나누는 서사다. 그런데 정경모는 이 책에서 프락치사건을 풀이한다.

나(김구)에 대한 암살 모의와 병행해서 진행되고 있던 게 이른바 '국회공산당 프락치사건'(1949년 3~6월)의 조작이었지요. 이 사건은 당시 '반민특위'의 활동으로 이른바 '반민족분자', 특히 일제시대 특별고등경찰 노릇을 하고도 정부 수립 후 그대로 눌러앉아 경찰의 실권을 쥐고 있던 무리들의 추방을 열심히 주장하던 김약수, 노일환, 김진웅 등 급진파 소장의원들에게 빨갱이 딱지를 붙여 '반민특위' 자체를 물리적인 힘으로 없애버린 역사적인 사건입니다만, 이 사건의 유일한 '물적 증거'는 항간에서 말하는 '음문문서', 즉 어느 중년 여인의 국부에서 나왔다는 암호 연락문이었소.…… 하지만 '남로당 특수공작대원 정재한(鄭載漢)'이란 문제의 여인을 본 사람이 아무도 없는 데다 재판 때 피고 측이 그렇게 요구한 이 정체불명의 여인과의 대질신문도 끝내 실현되지 않았소이다. 그러나 명령을 받은 경찰관이 문제의 여인을 붙잡은 것은 사실인 듯합니다. 아마도 누군가가 아무것도 모르는 여인에게 돈을 쥐어주고 타일러서 암호문을 몸에 지니게 한 다음, 서울발 개성행 기차 편에 태웠으리라 생각됩니다. 그런 다음 영문도 모르는 한 경찰관에게 모종의 실마리를 주고 미행을 시켰겠지요.

이 날조 사건으로 인해 국회의원 13명이 '북진통일에 반대했다'는 것을 포함해 5개 항목에 이르는 죄를 뒤집어쓰고 3년에서 15년의 중형을 선고받았고, '반민특위' 활동은 급제동이 걸리게 되지요. 이 사건의 비밀을 알아버린 문제의 여인은 아마도 일이 끝난 뒤 경찰의 손에 살해되어 암매장 당했으리라 생각됩니다.

다시 이야기를 김지웅에게 돌리면, 앞으로 일어날 엽기적인 사회적 소동을 충분히 계산한 다음 여인의 비밀스러운 곳에 날조된 비밀문서를 숨긴다는 악마적 각본을 꾸며낸 게 김지웅이었지요. 실제 연출은 일제시대 고등경찰이었고 당시 시경국장을 하고 있던 김태선이 맡았고, 검사역을 맡은 것은 재일 한국인 정치범 가족들에게 터무니없는 몸값을 강탈해 공포의 표적이었던 '검은 변호사' 오제도였습니다. 이 자는 한국전쟁 때 보도연맹 감시하에 있던 '빨갱이' 30만 명을 학살한 살인마이기도 합니다.

김지웅이 어떻게 이런 짓을 할 수 있었겠소? 그 배후에는 김준연이 있었고, 한민당이 있었으며, 궁극적으로는 이승만이 있었기 때문 아니겠소(정경모, 2002: 146~147).

이 책에서 김구가 말한 마지막 부분은 음미할 만하다. "김지웅이 어떻게 이런 짓을 할 수 있었겠소?"라며 "그 배후에는 김준연이 있었고 …… 궁극적으로는 이승만이 있었기 때문이 아니겠소"라고 한다. 그렇다면 국회프락치사건은 이승만이 총기획을 맡고, 김준연·김지웅이 '악마적 각본'을 꾸몄으며, 그 연출은 시경국장 김태선이 맡고, 검사 오제도가 얼굴마담 노릇을 한 한 편의 음모극이었던가?

김지웅은 누구인가? 그는 한민당 국회의원 김준연의 '비서'로 행세한 동시에 '국방부 고문', '헌병사령부 보좌관' 등의 직함을 가지고 정치 브로커 노릇을 한 '수수께끼 같은 인물'이라고 알려져 있다. 그는 해방 직후 중국군 정보군관학교를 졸업하고 중국 제4방면군의 여단장을 지낸 중국명 왕금산(汪金山)이라고 허풍을 치고 다니기도 했으나, 실은 관동군 헌병대의 통역을 시발로 지난(濟南)·쉬저우(徐州) 등 각처를 돌아다니면서 아편 밀매와 같은 일을 하고 관동군과 왕징웨이(汪精衛) 괴뢰정권에 옌안의 조선독립동맹과 충칭 임시정부에 관한 정보를 제공하던 일본군 스파이였다는 것이다. 김지웅은 이승만 정권 시절 정치공작을 일삼다가 1960년 4·19 학생혁명이 일어나자 일본에 밀입국해 미즈하라 기요마사(水原清正)라는 이름으로 "뱃속 편하게" 지내고 있다 한다(정경모, 2002: 145, 147).

## 김준연과 국회프락치사건

다시 프락치사건으로 돌아와서, 김준연은 프락치사건과 어떤 관련이 있는지 살펴보자. 그가 이 사건을 직접 조작했거나 조작 음모에 가담했다는 정황은 확실하다. 그는 프락치사건과 관련된 국회의원의 1차 검거가 있기 전 ≪동아일보≫ 5월 9일 자 지면에 "의정단상 1년"이라는 회고담을 썼는데, 여기에서 60여 명의 소장파 의원들이 김일성을 따르고 있고, 그 선전 방침을 충실히 실행하고 있다고 '고발'했다.

김준연이 현역 의원 60여 명을 공산당원이라고 몰아세운 그 대담한 '고발'도 놀랍거니와 더욱 놀라운 일은 이 신문 2면에 이문원 등 4명의 체포를 예고하는 기사가 실린 것이다. 부연하면, 이 기사에 의하면 남로당원 서홍옥 등이 체포되어 서울지검에서 취조를 받아오다가 5월 6일 '국가보안법' 위반으로 재판에 회부되었는데, 이들의 행적을 보면 2월 23일 최태규 의원을 만나 외군 철퇴 문제를 상정하면 관철하도록 적극 발언할 것을 약속받았고, 2월 29일 이구수·황윤호 의원을 만나 같은 취지의 말을 전했으며, 4월 1일 이문원 등 국회의원을 초청하여 외군 철퇴, 정치범 석방 등 이른바 '남로당 7원칙'과 같은 취지의 통일 방안을 제시하여 찬성을 얻는 등 국회의원을 조종했다는 것이다. 이 기사의 내용을 볼 때 프락치사건 1차 검거 때 구속된 의원들을 신문지상에 '국가보안법' 위반자로 지목하고 있어, 이문원·이구수·최태규·황윤호 의원의 체포를 예견할 수 있다.

김준연이 신문지상에 터뜨린 비방 기사에서 가장 흥미를 끄는 부분은 그가 소장파 의원 60여 명을 공산당원이라고 몰아세운 그 대담한 고발이 사실상 그 뒤 '반공 민중대회'에서 실제 벌어진 행동과 판박이처럼 같다는 점이다. 되풀이하면, 5월 24일 국회가 구속된 세 의원에 대한 석방결의안을 표결에 부쳐 88명이 찬성하자 국민계몽회의라는 단체가 5월 31일 파고다공원에서 이른바 '민중대회'를 열고 "구속된 세 의원이 공산당원인데, 이들 공산당원을 석방하라고 한 88명의 의원도 공산당원이다"라는 식으로 외친 것이다.

이는 김준연이 석방에 극구 반대한 논리이기도 했다. 석방결의안 표결에 앞서 그는 "피를 흘리면서 투쟁하여 …… 중간파, 남북협상파를 타도하여 만들어놓은 대한민국에서 체포된 의원들을 석방한다는 것은 언어도단"이라는 극언을 서슴지 않았으며, 세 의원의 석방에 대한 찬성은 "대한민국 국회와 정부를 부인하는 행동"이라고 단언했다(『제헌국회속기록』 제3회 2호, 1949년 5월 24일).

석방 찬성자를 '대한민국을 부인하는 자'라고 한 대목은 60여 명의 소장파 의원들이 김일성의 지시를 따른다고 신문에 쓴 부분과 함께 김준연이 징계자격심사위원회에 회부되는 이유가 되었다(『제헌국회속기록』 제3회 6호, 1949년 5월 28일).

다시 5월 9일 자 ≪동아일보≫ 기사로 돌아가 보자. 이 기사의 문맥과 김준연이 몇 년 뒤 직접 말한 대목에서 볼 때 김준연은 이미 이문원이 '국가보안법' 위반 혐의로 4월 말 구속된 것을 알고 있으며, 이구수, 최태규, 황윤호가 같은 혐의로 체포될 것임을 시사했다.

이런 맥락에서였는지 당시 국회 징계자격심사위원장 김영기 의원은 이 사건은 "장경근 차관과 김준연 등이 만들어낸 사건이며, 이 사건을 아는 자는 천지(天知), 지지(地知), 신지(神知), 그리고 연극의 조작자들까지 합쳐 사지(四知)다"(김태호, 1982: 143)라고 장담했다. 김영기 의원에 대해 조금 부연하면, 경기도 안성 출신으로 주변의 신망이 두터워 지역 유지들이 그를 한독당 소속으로 5·10 총선에 출마케 했다고 한다. 그는 이렇게 당선된 뒤 제헌국회 징계자격심사위원장을 지냈다.

김준연은 누구인가? 그는 전라남도 영암 출신으로 도쿄대학 법문과를 졸업한 뒤 베를린대학에 유학한, 당시로서는 드문 인재였다. ≪조선일보≫ 모스크바 특파원을 지내고 귀국한 뒤 제3차 공산당(ML파) 결성을 주도해 당 서기장이 되었으나 그때 검거되어 7년간 옥중생활을 했다. 그런 그가 옥중에서 전향해 극우 반공주의자가 되어 이승만의 수족이 된 것이다.

김준연은 스스로 프락치사건 조작자라는 뉘앙스를 풍기는 이야기를 그의 입으로 실토하기도 했다. 그는 실제 프락치사건이 터진 지 8년이 지난 1957년 11월 이문원 등 세 의원이 구속된 것은 자신이 권승렬 검찰총장을 찾아가서 세 사람이 '국가보안법'을 위반했으니 체포하라고 했기 때문이라고 주장했다(『제헌국회속기록』, 제26회 36호, 1957년 11월 3일 자).

### 박정희의 롤 모델

김준연 사례가 중요한 정치적 함의를 갖는 까닭은 따로 있다. 그것은 뒤에 군사독재자 박정희에게 거의 완벽한 롤 모델이 되었기 때문이다. 박정희는 그의 남로당 전력이 드러나 1948년 11월 체포되고, 그 이듬해 2월 군법회의에서 사형선고를 받는다. 그러나 그는 한국군 내 남로당의 조직망 정보를 내줌으로써 사면받는다(김정기, 2008a: 150~161). 이렇게 목숨을 부지한 박정희는 쿠데타로 정권을 잡자 민권을 탄압하는 독재자로 부상한다. 그는 1973년 한여름 도쿄에서 최대 정적 김대중을 납치해 수장(水葬)시키려 하는가 하면, 그다음 해에는 '인민혁명당 재건 사건'을 조작해 무고한 젊은이 8명을 '사법살인' 하는 만행을 저지른다.

이는 김준연이 옥중에 있을 때 전향하여 목숨을 부지하고 이승만의 수족이 되어 프락치사건을 조작해 이승만의 정적인 소장파를 제거하는 데 앞장선 사례와 판박이다. 필자가 김준연의 행태를 박정희의 롤 모델이라고 보는 까닭이다.

결론적으로 프락치사건은 김영기 의원이 단정하듯이 조작된 사건이었다. 그는 이 사건이 "장경근 차관과 김준연 등이 만들어낸 사건"이라면서, 그는 세상에 비밀이 없다는, 중국 고사에 나오는 '사지(四知)'론을 펴 사건 조작자들을 지목했다. 중요한 것은 이들이 이승만 대통령의 수족처럼 움직이는 장기판의 말이었다는 점이다.

## 3. 작은 프락치사건

필자는 이 책의 「감사의 말씀」에서 헨더슨 부처를 국회프락치사건 공판의 위대한 기록자이자 전수자로 기렸지만, 그 기록의 완성에는 또 하나의 축이 놓여 있다. 헨더슨과 함께 당시 미 대사관에서 일했던 한국인 직원 김우식(金禹植)과 신정균(申斑均)이다. 특히 신정균은 공판 때마다 헨더슨에게 재판심리에 대해 자세히 브리핑해 줘 '위스퍼링 신(whispering Sin, 속삭이는 신)'이라는 별명을 얻었다.

필자가 김우식을 주목하는 까닭은, 당시 서울에서 암약하던 '거물간첩' 성시백 공작에 그가 연루되었기 때문이다. 나는 이 사건을 '작은 프락치사건'이라고 부른다. 이 사건이야말로 국회프락치사건에 덮인 비밀의 베일을 벗길 열쇠라는 것을 알았기 때문이다. 이뿐만 아니라 이 절 뒤에서 다룰 김일성 직계 '거물 간첩' 성시백 공작의 진상을 밝히는 데 유력한 단서를 제공한다.

김우식은 1949~1950년에 미국 대사관 정치과에 근무한 한국인 직원이다. 필자는 그가 같은 과 상관인 그레고리 헨더슨과 동지적 유대감을 느끼며 정치철학을 공유하지 않았을까 생각한다. 김우식은 자전적 서사에 대사관 정치과에 근무할 때 '친구처럼 지낸 동갑내기 단짝 헨더슨, 그의 옷이 그대로 맞을 만큼 몸집이 닮은 헨더슨, 그와는 인격과 성격이 보완관계에 있는 헨더슨'이라고 기록했다.

이렇게 보면 김우식은 이 미국인 친구를 자신의 분신(分身)처럼 생각

필자와 함께 포즈를 취한 김우식 씨
(2006년 11월 14일, 일본 도쿄 뉴오타니호텔에서)

했던 것 같다. 따라서 김우식은 헨더슨과 마찬가지로 진보적 자유주의의 관점으로 제헌국회를 관찰했고, 프락치사건 재판심리를 기록했을 것이다.

그와 헨더슨의 친분관계는 그 뒤로도 지속되었다. 특히 1963년 헨더슨이 미 국무부를 떠난 뒤 헨더슨 부부와 가까이 지냈다. 헨더슨과의 편지 왕래는 물론이고, 헨더슨이 도쿄에 올 때 김우식의 집에서 묵곤 했다. 김우식은 1949~1950년 대사관 정치과 소속으로 헨더슨과 함께 일했을 때 헨더슨과의 관계를 다음과 같이 회고한다.

그[헨더슨]가 한국 사회 인사들과 빈번하게 접촉하면서 지식인 계층의 고민과 열망에 민감해지고 동조하는 쪽으로 생각을 바꾸었다. 사실 그는 나보다 더 많이 한국인을 알고 있었다. 그는 관점과 취향이 다른 많은 한국인들을 내게 소개해 주었는데, 나는 따라갈 수 없을 지경이었다. 이는 나의 소심성, 게으름, 성급함에 때문이었는데, 그것은 내 성격의 결함이었다. 나의 성격은 말하자면 누에고치 속에서 나오려면 시간이 걸리는 타입이었고, 얼굴이 새롭다고 하여 쉽게 끌려들려고 하지 않았다. 내가 끌려들어 가자면 새로 만나는 사람이 내게 없는 자질이 갖추어져 있어야 했다.…… 그러나 헨더슨은 평범한 마음에서 훌륭한 자질을 찾아내었으며, 결함이 있더라도 그대로 넘기는 사람이었다. 나는 그가 몇몇 사람을 적으로 여기고는 있었지만 누구에 대해 나쁜 말을 하는 것을 듣지 못했다.……

그와 오랫동안 자리를 같이한 경우, 내 마음속에는 한두 가지 그의 생각이 반드시 차지하고야 말았다. 그의 통찰은 우리 문화에 대한 그의 이해로 깊어졌고, 그의 생각은 세계주의적인 관점으로 틔어 있었으며, 그의 탐구 방법과 관점의 강한 감각은 내 생활에 가장 의미심장한 영향을 끼쳤다(김우식 자전적 서사).

필자는 2006년 11월 14일 도쿄 뉴오타니호텔 식당에서 그를 만나 그가 연루된 '작은 프락치사건'에 대해 자세히 들을 수 있었다. 당시 김우식은 85세로 1953년 일본으로 건너가 모리토루(森徹)라는 이름으로 도쿄에 거주하고 있었다. 그는 당시 85세의 고령임에도 마치 60대처럼 보이는 건강하고 키가 크며 우람한 모습의 신사였다. 그는 필자에게 "노상 일본말만 하다 몇십 년 만에 처음 한국말을 쓴다"라고 하면서 웃었다.

김우식은 필자에게 대사관 시절 그가 겪은 여러 가지 사건을 이야기하면서 그가 쓴 영문 자서전(이하 '자전적 서사')을 건네주었다. 그가 제헌국회를 무대로 활동한 이야기를 들어보면, 누차 반복하지만 김우식은 헨더슨의 분신이라는 생각이 든다. 그는 대사관 정치과에 근무하면서 헨더슨과 '콤비'를 이루어 제헌국회를 담당했다. 거의 매일 중앙청 1층 홀에 나가 오전 중 회의 진행을 기록해 헨더슨에게 보고하곤 했다. 그런 과정에서 이 두 동갑내기(당시 26세)는 친구처럼 지냈다.

김우식은 정치과에 근무하던 중 1949년 11월부터 시작된 국회프락치사건 재판을 주목하게 되었다. 그는 재판을 참관하면서 그 절차와 결과에 관심을 기울였다고 한다. 그 까닭은 이 소장파 의원들이 자신의 친구이기도 하지만, 그 재판이야말로 "탄압에 의존하는 이승만 정권과, 법치와 자유를 열망하는 국민과의 대결"이었기 때문이라는 것이다.

> 어떤 의미에서 우리 전 국민이 이들 국회의원들과 같이 재판정에 선 것이다. 이 재판이란 민주적 절차와 강제를 극복하는 설득과 선택의 원칙을 통해 우리 국민이 자치를 할 수 있느냐의 시험인 셈이었다.

김우식은 그가 참관한 재판에 대한 목격담을 다음과 같이 전한다.

> 재판심리가 열리는 법정은 일본인이 우리 독립투사에 대해 자행한 그 무서운 재판을 생각게 한다. 그것은 '합리적인 의심'을 다투는 사법절차라든가 증거에 근거한 동일한 당사자 사이의 다툼이라기보다는 장례 의

식, 민주주의를 장사 지내는 장례 의식 같았다. 그것은 원시적인 희생양 의식 같았다. 야만적인 국가보안법의 기준에 의한 재판절차에도 못 미치는 수준이었다. 곧 이승만의 신전에 바쳐진 야만적인 힘의 제단에서 이성의 희생이었다. 나는 인간의 존엄성에 가해진 공포가 어떤 것인지 목격하고는 충격에 휩싸였다. 이들 소장파 국회의원들의 목소리에는 천둥소리 같은 웅변, 반박하는 확신, 한때 국회의사당에서 다른 의원들을 압도하는 그 밝은 정신, 이 모든 것이 온데간데없이 사라져버린 것에 허탈감에 휩싸였다(김우식 자전적 서사).

김우식은 물론 법률가는 아니다. 국회프락치 재판을 참관할 당시 그는 27세의 민족의식을 가진 젊은이였다. 그는 일제가 태평양전쟁을 터뜨리기 직전인 1942년 사상범으로 잡혀 들어가 거의 3년 이상 옥살이를 한 뒤 1945년 8월 15일 해방과 함께 풀려난 사람이었다. 따라서 그의 눈에 비친 재판은 일제강점기에 법조 관리를 지낸 판사와 서기직에 빌붙은 검사[2]가 김약수 같은 독립투사를 재판하는 역설적인 현실이었던 것이다. 그는 대한민국 민주주의에 대해 기대 의식이 강렬한 젊은이로서 재판을 참관한 것이다. 따라서 그는 이 재판이 민주주의를 장사 지내는 '장례 의식'으로 보았으리라 무리 없이 짐작할 수 있다. 그러나

2 프락치사건 주심 판사 사광욱은 일제 때 경성지방법원 판사로, 검사 오제도는 신의주지방법원 서기 겸 통역사로 일했다(서중석, 1996: 235, 233).

그는 또한 냉정한 법적 절차의 관찰자로서, '합리적인 의심(reasonable doubt)'을 다투는 증거에 의한 재판은 그곳에서 볼 수 없었다고 증언한다. 그는 또 제헌국회에서 그가 보아온 소장파 국회의원 피고인들이 고문 끝에 인간의 존엄성이 무너진 것과 초라해진 목소리에 충격을 받았다고 기록하고 있다. 이는 김우식이 이승만의 경찰국가식 독재체제 아래 벌어진 정치재판에 그가 얼마나 커다란 증오심을 품고 있었는지 잘 보여준다. 이는 그의 친구 헨더슨의 한국 정치에 대한 자세를 그대로 보여주는 것이기도 하다.

이야기를 '작은 프락치사건'으로 돌려보자. 이 사건을 풀기 위해 한국전쟁이 터지기 직전 김우식이 북한 간첩의 프락치로 체포된 사정을 되돌아볼 필요가 있다.

김우식이 서울 장춘동 자택에서 경찰에 연행된 것은 1950년 5월 23일 밤이었다. 이제 조금 길지만 김우식 자전적 서사에 기록된 그의 이야기를 인용해 보자.

> 5월 23일 밤 나는 대사관의 밀린 일을 쫓아가기 위해 자정을 넘어 일하고 있는데 내 집 앞에 차가 "찍" 하고 멈추는 소리가 나더니 누군가 요란하게 문들 두드리는 것이었다.
>
> "누구십니까?"
>
> "경찰에서 왔습니다."
>
> "경찰이라니요? 이 시간에 무엇 하러 온 거요?"

"유숙자를 점검해야 합니다."

경찰은 그 당시 거주자의 신분증을 조사하는 등 일을 하고 있고 가족 밖의 유숙자를 신고하는 것이 의무로 되어 있기도 하여 문틈으로 보니 경찰관처럼 보였다. 문을 열자 그들은 나를 밀어 제치면서 집 안으로 들어 왔다.

"당신이 미 대사관의 김우식이요?"

"그렇소. 무엇이 문제요?"

"옷을 입어요. 같이 가야겠소."

"무엇이라고. 영장을 보여주시오."

그러나 그들은 나의 목을 감아 집 밖으로 끌고 나가 지프차에 태워 어디론지 달리는 것이었다. 나의 여동생은 그들의 난폭한 행동으로 보아 납치범으로 생각해 얼(Stanley Earl: 미 대사관 노동담당관)에게 긴급하게 연락 도움을 요청했다. 미 대사관의 요청으로 미국보안대와 한국 경찰은 경계근무에 들어가 이 '납치범'을 잡기 위해 서울시 외곽 초소마다 점검하는 등 했으나 결국 새벽 5시경 내가 경찰 구치소에 있다는 사실이 알려졌다.

경찰에 연행된 날 밤 김우식은 일제시대 사상경찰 특고(特高) 고문실과 같은 데로 끌려갔다고 한다. 그는 거기서 2명의 요원으로부터 가혹한 전기고문을 당했다고 하면서 다음과 같이 기록했다.

두 명의 사복형사가 내 옷을 벗기더니 호수로부터 물을 뿜어 흠뻑 씌우는 것이었다. 그러고는 그들은 나를 밧줄로 기둥에 묶고는 킬킬거리며 미군용 야전 전화 줄 하나로 내 발가락을 묶고 다른 한 줄은 엄지손가락에 연결하는 것이었다. 그들 중 하나가 이렇게 지껄였다.

"야, 김일성이 지금 전화에 나와 있는데 말하고 싶지 않니, 동무. 네 이름이 뭐더라."

나는 무섭기보다는 너무 화가 치밀어 그자를 쏘아봤다.

"히야, 이놈 바라. 제법이네. 배짱이 있네, 빨갱이가. 너 이 새끼 얼마나 견딜지 두고 보자."

그는 힘차게 전화 발전기를 돌리니 전기가 온몸을 찌르는 것이었다. (미국 국민이 선의의 원조물이 이렇게 고문을 위해 사용되는 것을 미리 알았었겠는가?) 나는 고통으로 신음하면서도 견뎌내려 악을 썼다.

"당신들이 누구를 고문하는지를 알아? 당신들은 톡톡히 대가를 치러야 해."

그러나 나의 저항은 헛된 일이었다. 내가 계속 반항하자 전기고문은 계속됐다. 그것은 그들의 짐승 같은 욕망을 채우는 일밖에 아무것도 아니었지만. 어서 빨리 죽었으면 얼마나 좋으련만, 신경 마디마디마다 찔러오는 무서운 고통을 당해야 했다. 전류가 한 번 찌를 때마다 피가 마르는 것 같고 생명은 조각조각 쪼개져 나가는 듯 했다. 만일 그들이 어떤 질문을 했더라면 나의 인내도 견뎌낼 수 없었을 것이다. 신체적 고통을 당하면 누구라도 벌을 어떻게 받든 말든 어떤 범죄라도 고백했을 것이다.

그러나 굴욕적이지만 고백 뒤에는 생각이 달라진다. 그것은 내가 뒤에 알았지만 범죄 혐의가 어떠하든 모든 혐의자에게 가해지는 으레 거치는 절차였다. 동물은 허기가 지기 때문에 먹잇감을 죽이거나 잡아먹지만 이들 인간 짐승은 재미로 이 짓을 한다. 어떻게 인간의 탈을 쓰고 이런 잔학한 짓을 할 수 있을까! 그들 안에는 인간적이고 품위 있는 것이라곤 전부 밀려났다. '반공주의' 또는 '애국심'이라는 이름의 정치적 사기 아래 어떤 사람들은 천진하게 대한민국이 공산주의 물결을 막는 민주주의의 보루라고 부르곤 한다.

## 프랭켈이 변호에 나서

이렇게 밤을 지나고 새벽 5시 나는 시경 본부에 옮겨졌다. 거기서 나는 내 친구인 프랭켈 박사가 나와 있은 것을 보고 안도의 한숨을 내쉬었다. 그는 대사관의 법률고문이었는데 내 변호인이 되겠다고 자원해 온 것이었다. 그는 노동관 얼의 절친한 친구이지만 나와는 우연히 만나곤 하는 처지였다.

프랭켈이 내게 말했다. "김우식 씨, 당신에 이익이 되지 않는 말은 모두 하지 않아도 돼요. 알겠어요?"

이 말은 문명사회의 어느 변호인이든 의례적으로 하는 상식적인 법률 조언이었으나 내게는 특히 악몽 같은 감옥에서 겪은 일을 당한 뒤 사막에서 어떤 우물도 그렇게 내게 더 큰 용기를 줄 수는 없었다. 나는 온통 감사의 느낌뿐이었으며 눈물이 솟아났다.

한 경찰 경위 앞에서 미국 CIA의 조(Joe, 그의 이름은 기억하지 못한다)가 고문을 당하지 않았느냐고 내게 물었다. 나는 일부러 대답하지 않았다. 그 대신 나는 그 경찰 경위를 쏘아보고 있었다. 암시를 얻었다는 듯 죠는 내게 윗옷을 벗으라고 했으며, 내 등에 있는 흉터를 가리키며 어떻게 된 거냐고 물었다. 그러나 나는 그 끔찍한 고문에 관해 말하기는 너무 자존심이 상했다. 그래서 나는 "아무것도 아니다"라고 말할 뿐이었다. 조는 대사관 보안책임자 히비(Heebee)에 무엇인가 귓속말을 하더니 이상하다는 몸짓을 했다. 프랭켈 박사는 이상하다는 듯 내 눈을 보았으나 나는 그를 실망시켰다.

## 암호명 K-1 프락치

필자도 그것이 궁금했다. 내가 "왜 고문을 받았다고 말하지 않았어요? 프랭켈은 한국 경찰의 약점을 알고 그걸 노렸을 텐데요"라고 말하자, 김우식은 "한국인 동족이 자신에게 그렇게 잔학한 고문을 자행했노라고 미국인들 앞에서 차마 말이 떨어지지 않더라"라고 회고했다. 김우식은 그때까지만 해도 왜 자신이 붙들려 왔는지 몰랐으나 다음 순간 CIA 요원의 신문을 듣고 "아차" 했다고 토로한다.

이어 CIA의 죠가 다시 신문했다.

"김우식 씨, K-1이란 무엇이요?"

"K-1이라니요? 모릅니다."

"송태경이란 한국인을 압니까?"

"압니다, 내 친굽니다."

"당신이 그를 알게 된 경위와 정치적 관계가 있다면 말해주시오."

나는 송태경이 태평양전쟁 중 나와 몇 달 동안 감옥살이를 같이 한 정치범 중의 한 사람이라고 말했다. 사실 그는 내게 좋은 인상을 준 사람 중 한 사람이었다. 해방 뒤 그는 당시 지식인들이 그렇듯이 좌익계에 속한 '정치범협회'에 가입하기도 했다. 해방 뒤 내가 서울에서 일자리를 찾고 있을 즈음 나는 길거리에서 그를 우연히 만난 일이 있었고 그의 권유로 사무실을 찾은 일이 있었다. 당시 그는 대학에서 공부를 하고 있다고 말했고 나는 미 대사관에서 일하고 있다고 말했다.

이렇게 만난 뒤 그는 이따금 내 집을 찾아왔다. 나는 일제 시절 감옥살이를 함께한 친구로서 그를 늘 환영했다. 자연스럽게 우리들은 여러 주제에 관해 이야기를 나눴다. 사실상 우리들은 너무 친하기 때문에 그는 내 셔츠나 양말도 편리하게 사용했고 나는 괘념치 않을 정도였다. 그는 내가 읽고 있는 ≪뉴욕 타임즈≫에 특별한 관심을 갖고 있었는데 한두 부를 가져가곤 했다. 그가 그것을 원하는 것이 특별한 것이 없는 이상 나는 그가 원하는 대로 가져가게 했다. 나는 양심에 아무 거리낄 것이 없기에 미 대사관이 나를 보증해 줄 것이라고 희망했다. 그러나 내가 신문을 받은 뒤 대사관 CIA 신문관들은 경찰이 나를 다시 감옥으로 데리고 가도록 했고 아무 혐의가 없는데도 풀려날 기미가 보이지 않았다(김우식 자전적 서사).

## 중학교 동무 홍민표와의 해후

나는 고문으로 신음하는 정치범들로 꽉 찬 비좁은 방에서 죽을 듯이 침울해 있던 어느 날 한 형사가 감방으로 오더니 나를 불러내는 것이었다. 쳐다보니 그는 나를 보고 미소 짓고 있는 것이었다. 나는 그 순간 자신도 모르게 소리를 지르고 말았다. "네가 양한모 아니야. 어떻게 된 일이야?"

그는 내 중학교 동급생 친구였다. 그는 지금 홍민표라는 가명으로 남한 경찰의 경위로 일하하면서 공산당원 체포로 이름을 날리고 있었다. 태평양전쟁 중 그는 공산당 지하조직의 당원으로 일제에 의해 체포당한 일이 있었다. 그는 내게 털어놓기를 해방 뒤 그는 공산당에 가입했는데 남로당 서울 지부 조직 책임자 자리에 올랐다는 것이다. 그 자리에서 그는 남로당 비밀조직을 손바닥 보듯 훤히 알게 되었다.

그는 1948년 말경 체포되었는데 "나의 공산당 경력으로 볼 때 죽는 것은 뻔한 일이었다"고 말했다. 그러나 경찰은 남로당의 비밀공작에 관한 정보를 그가 목숨을 구하고 싶은 만큼 원하고 있었다. 이러한 이해가 맞아떨어져 그는 목숨을 구했고 그 대가로 공산당을 잡는 일을 돕고 있었다. 그는 수많은 공산당 고위 공작원을 잡아들였는데, 그중에는 서울에서 맹활약 중이던 성시백을 포함한다(김우식 자전적 서사).

김우식의 이 이야기를 들어보면 드라마 같은 현실이 연상된다. 한국 경찰이 그를 체포한 것은 일제강점기에 감옥살이 중 알게 된 송태경이라는 사람 때문이었다. 일본 경찰이 김우식을 '사상범'으로 체포한 것은 1942년 12월 6일[태평양전쟁이 일어나기 2일 전]로 아직 만 20세가 되지 못해 '금촌소년형무소'에 갇혔다. 4개월 뒤 만 20세가 되어 '진주형무소'로 옮겨졌는데, 거기서 그는 독립투쟁을 하다 감옥에 갇힌 김일성계 공산당원들을 다수 만난다. 그들 중 한 사람이 송태경이었다. 당시 독립운동을 하다 일경에 체포된 한국인 중에는 공산주의자들이 많았으며 송태경도 그중 하나였다.

김우식은 1945년 해방과 함께 풀려나 취업을 못해 헤매던 중 서울 길거리에서 그를 우연히 만났다는 것이다. 그 뒤로는 그와 연락이 끊겼는데, 대사관에서 일하던 1948년 가을 김우식이 송태경을 서울 길거리에서 다시 우연히 만난 것이다. 김우식은 옛정을 회상하며 송태경과 친하게 지냈지만, 당시 송태경은 성시백의 공작원으로 활동하고 있었다. 김우식은 물론 그가 성시백의 공작원인 줄은 꿈에도 몰랐다. 송태경은 김우식을 만날 때마다 그와 나눈 대화를 모두 적어 성시백 선에 보고했던 것이다. 곧 김우식은 자신도 모르는 사이 'K-1'이라는 암호명의 프락치가 되어 있었다.

그러나 김우식이 그의 중학교 동창 양한모[홍민표의 본명]의 도움을 받을 줄을 꿈도 꾸지 못했던 우연한 행운이었다. 또한 미 대사관의 법률고문 프랭켈 박사가 그의 변호인 역할을 한 것도 김우식에게는 크나큰 용기를 준 성원이었다. 다시 김우식의 이야기로 돌아가자.

1950년 초 홍민표는 성시백이 지하에서 움직이는 지하 비밀조직을 탐지해 냈다고 한다. 성시백은 옌안 중국공산당 출신의 김일성 직계로 1949년 여름 서울에 잠입해 공작 거점을 확립하고 각계로 침입하여 성공적으로 공작을 수행했다. 그의 공작 덕분에 북한은 "남한 정부 안에 돌아가는 일을 이승만 대통령보다 더 잘 알았다"고 평가를 받았다는 것이다(김우식 자전적 서사).

성시백이 서울에 잠입해 벌인 공작 활동에 대해서는 유영구가 쓴 「거물간첩 성시백 비화(상·하)」(유영구, 1992.6~7)나 『남북을 오간 사람들』(1993)에 자세히 나와 있다. 성시백이 가장 성공적으로 벌인 공작은 한국군 내에서의 공작이었다고 한다. 당시 1948년 10월 여수반란사건 뒤 체포된 박정희의 구명(苟命) 거래로 군대 내 남로당 조직은 거의 궤멸되었으나 성시백의 조직은 그대로 남아 활동을 했다고 한다. 1949년 5월 춘천 쪽에 주둔하던 8연대 2개 대대가 월북한 사건도 성시백의 활동에 의한 것이라고 한다. 이 사건으로 육군참모총장 이응준(李應俊) 소장이 물러나기까지 했다(유영구, 1993: 74). 성시백은 정부 조직뿐만 아니라 경찰·법조·정당 조직에 프락치를 침투시키거나 동조자를 끌어들였다는 것이다. 예컨대 당시 민국당 총부부장 김선주 같은 사람이 성시백 라인이었다.

1950년 4월에 들어 홍민표는 성시백의 내밀한 참모 한 사람을 검거하게 되는데, 그의 자백으로 성시백 간첩 일당 112명이 체포되기에 이른다. 그때 성의 집 정원에 묻어둔 독 속의 서류 뭉치를 모두 압수하게 된다. 내가 이 일당에 연루되어 체포된 것이다. 송태경은 바로 간첩 일당에 속했던 것이며, 송은 나와 나눈 대화를 모두 K-1이라는 암호명으로 보고한 것이다. 그런데 다행히도 그 보고의 복사본들이 경찰에 의해 발견되어 내 필적과 대조해 본 결과 나와는 상관없다는 것이 발견되었다고 한다. 홍민표는 "우리에 관한 한 당신은 혐의가 벗겨졌어. 내가 미국 대사관의 말에 따라 내일 중으로 내보내 줄게"(김우식 자전적 서사).

그러나 김우식이 그때 홍민표의 도움을 받을 것이라고 믿은 것은 잘못이었다.[3] 김우식은 홍민표의 도움으로 풀려난 것이 아니라 대사관의

3 이상한 일은 홍민표가 이로부터 한 세대가 흐른 1980년대 후반에 쓴 글에서 문제의 이승만-장제스 진해 회담을 언급하면서 "미국 대사관의 김우식이란 자가 성시백의 공작원으로 침투했다는 놀라운 사실도 드러났다"라고 주장한 것이다. 그는 "특히 김우식은 워싱턴 당국의 훈령을 비롯해서 주한 미 대사관의 기밀문서 내용을 제공하여 김일성에게 타전케 했다는 것이다"(양한모, 1990: 238)라고 기술하고 있다. 짐작컨대 ≪조선일보≫에 연재된 기사를 모은 『조국은 하나였다』라는 양한모의 책에 실린 문제의 대목은 양한모가 전두환 신군부 독재 시절의 반공 기류에 편승해 성시백을 체포하는 데 그가 결정적인 역할을 수행했음을 자랑하는 가운데 나온 '포장'이 아닌가 생각된다. 양한모의 이 주장은 조선일보사가 펴낸 『전환기의 내막』(1982)의 「남로당」 편에도 나온다. 양한모는 자신이 성시백 체포를 주도했다고 말하면서 "비밀문서에 따라 취조하던 중 이승만 대통령과 장제스 총통의 진해 회담의 통역을 맡았던 중국 대사관의 김석민과 미국 대사관의 김우식이라는 자가 성시백의 공작

미국인 친구의 '파격적인' 도움으로 한국전쟁 발발 직전 극적으로 풀려날 수 있었다. 이에 관해서는 곧 다시 살펴볼 것이다.

### 충격적인 몰골

감방에 갇힌 김우식은 좀처럼 풀려나지 못했다. 그는 감옥에서 홍민표의 말에 기대를 걸며 '일각이 여삼추'로 풀려나길 기다렸으나, 좀처럼 풀려날 기미가 보이지 않았다. 김우식은 그 자신이 믿었던 미 대사관에 복병이 숨어 있을 줄은 몰랐다. 그 복병은 히비라는 대사관의 CIA 보안 책임자였다. 히비는 김우식을 계속 의심하면서 물고 늘어진 것이다. 김우식은 이때 히비의 시 경찰청 사무실로 불려가 충격적인 인간의 모습을 보고 몸을 부르르 떤다. 그것은 인간의 모습을 한 귀신의 몰골이었다.

> 그 뒤 3일째 되던 날 나는 시경본부 미국 CIA 요원실로 옮겨졌다. 사무실로 들어가서 내가 본 것에 분노하여 부르르 떨었다. 한 구석에 송태경이 팔이 목에서 늘어진 채 귀신처럼 서 있었다. 그의 앞쪽 팔은 고문으로 부러져 있었다. 그의 얼굴은 멍으로 부풀어 올라 거의 알아 볼 수 없었다. 그의 가슴은 여러 붕대로 감겨 있었는데 그는 부축을 받아 움직였다(그의 갈비뼈가 두 대가 부러졌다).

---

원으로 침투해 있다는 놀라운 사실도 드러났다"(241쪽)라고 쓰고 있다. 이로 보아 1980년대 후반에 쓴 글은 이때 쓴 것을 재탕한 듯하다.

대사관 보안관 히비는 송태경에 명령했다.

"경찰에서 말한 것을 김우식에 말하라."

목소리가 꽉 잠긴 송태경은 기침을 하며 말한다.

"김우식이 중국백서[4]를 내게 주었어요."

히비는 의기양양하게 물었다.

"김우식이 당신에 그것을 줄 때 어떤 말을 했나?"

"그것이 대단히 중요한 문서라면서 내가 읽을 만하다고 했습니다."

히비는 도전하듯 누런 테 안경 너머 악의에 찬 눈빛으로 내게 얼굴을 돌리더니 말했다.

"자, 당신 송이 말한 진실을 들었지. 왜 깨끗이 털어놓지 않나?"

"내가 준 것 맞습니다. 그것이 뭐가 이상한 가요? 『중국백서』가 무슨 비밀입니까? 그것은 공개된 문서이며 당신의 국무부가 공식적으로 공중에 배포한 문서입니다. 당신이 원하면 어느 때 어느 곳에도 가져다줄 수 있어요. 그것이 죕니까?"

그 뒤 히비는 송태경에 제2탄을 터뜨리라고 명했다. 송태경은 목소리를 가다듬더니 내 눈을 피하면서 중얼거렸다. 곧 몇 날 몇 날에 내가 그에 말했다는 것으로 내가 "대사관 건물 '4층 영사과'에서 심각한 사태가 오면 미국 시민의 긴급 철수 계획이 담긴 비밀 문건을 보았다"는 취지의 말이었다.

---

4 1949년 8월 5일 미 국무부가 발표한 『중국백서(The White Paper on China)』를 가리킨다.

나는 그때 히비가 질문을 할 때를 기다리지 않고 먼저 말했다. 지금 송태경은 고문의 위협 아래 누구에게도 빤한 거짓을 말한다고. "첫째, 당신이 알다시피, 영사과는 4층이 아니라 2층에 있습니다. 둘째, 내가 하는 일은 일방적 통행입니다. 나는 보고만 할 뿐 아무것도 듣지 못합니다. 나는 그런 계획이 있는 것도 모르고 게다가 본 일도 전혀 없습니다."

히비가 제기한 다음 질문은 미 대사관에 대한 나의 충성심이었다. 히비는 내가 공산주의자를 당국에 신고하지 않았다는 이유로 나를 "심각한 보안 위험인물(grave security risk)"이라는 딱지를 붙였다.

이 대목에서 김우식은 송태경이 공산당원인지 전혀 몰랐다고 했지만 허사였다고 말한다. 그는 설사 송이 공산당원이라는 것을 알았더라도 친구를 신고했다면 그 일을 부끄러워했을 것이라고 썼다. 그러나 미 대사관에 대한 직업적 충성 문제에 대해서는 그는 단호하게 말한다. 그가 미 대사관에서 3년 근무하는 동안 "나는 최선의 충성을 다했고, 그 기록을 자랑스럽게 여겼다"라고 기록했다. 대사관 친구와 상관들은 그의 충성과 성실성을 추호도 의심치 않았는데, 뒤에 알려졌지만 그의 상관 커티스 프렌더개스트(Curtis Prendergast), 전 상관 헨더슨, 노동담당관 얼은 김우식의 구속에 항의해 사표를 제출했다는 것이다.

그러나 김우식에 대한 의심은 쉽게 풀리지 않았다. 경찰은 이 사건을 검찰로 이관했는데, 여기에는 대사관 보안책임자 히비의 입김이 작용했을 것이다. 김우식은 오해에 따른 모욕감으로 잠을 이루지 못했다고 셨다. 그가 참기 힘든 것은 히비가 한 말로 인해 대사관의 미국 친구들이 자신을 오해할 수도 있겠다는 생각이었다고 토로한다.

이상이 김우식이 겪은 '작은 프락치사건'의 전말이다. 여기서 우리는 무섭고 냉혈한 당시 현실을 만나게 된다. 미 대사관의 히비라는 CIA 보안관이 한국의 고문 경찰과 다름없이 행동했다는 사실이다. 가혹한 고문으로 팔과 갈비뼈가 부러진 송태경을 압박해 받아낸 진술로 김우식에게 죄를 씌우려 한 그의 소행을 어떻게 보아야 할까? 이런 진술은 한국경찰이 고문을 자행해 받아낸 자백과 한 치의 차이도 없다. 미 대사관 안에도 김우식을 보는 눈은 CIA 보안책임자와 김우식의 미국인 친구들 사이에 현실의 담은 그렇게 높이 쌓인 것이다. 이것은 당시 미 대사관 안의 조그만 냉전 현장이었던 것이다.

그럼에도 '작은 프락치사건'은 중요한 함의를 내포한다. 그것은 이 사건이 국회프락치사건에 얽혀 있는 비밀의 베일을 벗겨주는 단서가 되고 있기 때문이다.

### 성시백의 공작

이상에서 국회프락치사건에 얽힌 비밀을 벗겨주는 '작은 프락치사건'의 전말을 살펴보았다. 무엇보다 김우식이 성시백의 공작에 의해 암호명 'K-I' 프락치로 활약했다는 대목이 눈길을 끈다. ≪월간중앙≫에 실린 「거물간첩 성시백 비화」로 돌아가 보자. 이 기사는 '거물간첩' 성시백이 서울에서 공작을 벌이던 김일성 직계인 북로당계의 고위 공작원이라면서 그가 해방 정국에 벌인 공작을 두루 추적한다. 이 글의 상당 부분 전북한 노동당 간부라는 'S 씨'를 등장시켜 증언하는 식으로 전개된다.

필자가 주목하는 것은 그가 진술한 프락치사건에 관한 '증언'이다. 문제는 S 씨가 누구인지 밝히지도 않았고, 게다가 얼마나 신빙할 수 인물인지 확인할 수 없다는 점이다. 그럼에도 필자가 주목한 것은 바로 김우식에 관한 S 씨의 진술이 있기 때문이다. S 씨는 "예를 들어 미국 대사관에는 김우식을 비롯해 3명의 성시백 프락치가 있었고 중국 대사관에는 중국공산당 출신인 김성민[sic, 김석민? - 주 30)을 참조]이 서기관으로 일했다. S 씨에 의하면 김우식은 상당한 영향력이었다고……"(유영구, 1992.6~7: 507)고 기술하면서, 이어 김우식이 관여했다는 공작에 관해 다음과 같이 '증언'한다.

> 이러한 정보사건 가운데 가장 큰 사건이 49년 8월에 있었던 이승만과 장개석[장제스] 간의 진해회담 녹음 절취 사건이었다. 중국 측 통역으로 중국대사관에서 일하던 김성민이 참가했고, 미국 대사관에 근무하던 김우식도 진해로 내려갔다. 김우식은 회담장에는 참석하지 않았으나 김성민은 장 총통의 통역으로 직접 회담장 안에 있었다.
>
> 성시백의 지시를 받은 두 사람이 합작하여 이승만과 장개석 간의 회담 내용을 비밀리에 녹음하는데 성공, 이 테이프를 송두리째 그대로 평양으로 올려 보냈다(유영구, 1992.6~7: 507).

또 다른 월간지 2018년 2월 ≪월간조선≫도 성시백의 공작을 다루면서 1947년 2월 김구 선생의 북행을 성사시켰다든가 또는 "1949년 강태무·표무원 소령이 8연대 1대대와 2대대 병력을 이끌고 집단 월북한 사건, 그해 9월과 이듬해 3월 공군기 3대의 월북, 1949년 9월 해군 초계정 월북, 1950년 해군 함정 강철호 월북 등의 뒤에는 성시백이 있었다"라고 썼다. 특히 김구 선생과 이승만 박사를 결별시킨 장본인으로 성시백을 들고 있다. 그것은 사실일지도 모르지만, 그 가능성은 희박하다. 뒤에서 살피겠지만 성시백 공작은 자가발전일 가능성이 농후하기 때문이다. 성시백의 공적을 대서특필한 1997년 5월 26일 자 ≪로동신문≫은 이를 역설적으로 뒷받침하고 있다.

하지만 필자가 주목하는 것은 "1949년 적발된 국회프락치사건 관련자 13명 가운데 6명이 성시백 계통의 인물이었다"라는 대목이다. 게다가 "1948년 9월 이승만 대통령과 장제스 중국 총통이 정상회담을 한 후 그 내용이 고스란히 북한으로 넘어갔다. 주한 중국 대사관 직원으로 이 회담의 통역을 맡았던 김석민이 성시백의 수하였던 것이다. 미국 대사관 직원 김우식을 통해 미국 정부와 주한 미국 대사관 사이에 오간 문건과 기밀들도 북으로 유출됐다"라고도 했다. 이것은 곧 살피겠지만 ≪월간중앙≫이 추적한 S 씨 증언을 반복한 것이다.

### 성시백의 프락치?

≪월간중앙≫ 기사가 내세운 S 씨의 증언은 사실일까? 나는 2006년 11월 14일 도쿄의 뉴오타니호텔 식당에서 김우식을 만난 데 이어 2007년

10월 15일 도쿄 신주쿠 워싱턴호텔에서 김우식을 다시 장시간 인터뷰했다. 이렇게 김우식을 만날 수 있었던 것은 헨더슨 부인이 그의 연락처를 귀띔해 준 덕분이다.

먼저 김우식은 1949년 8월 이승만-장제스 진해 회담에 참석해 '녹음 절취'를 했다는 문제의 '증언'에 관해 말도 되지 않는다고 일축한다. 그는 결코 진해에 간 적이 없고, 대사관에서 가라고 지시한 적도 없다고 단호히 말했다. 그러니 성시백의 지시로 갔다는 것은 "난센스"라고 말한다. 또한 중국 대사관의 김성민은 전혀 모르는 사람이라고 한다. 당시 미 대사관은 회담 결과를 공식 채널을 통해 전달받을 수 있는 처지에서 구태여 관례에 어긋나는 식으로 정보 수집을 했겠느냐고 의문을 표시하기도 했다.

사실 미국은 당시 이승만과 장제스 회담에 관심을 보이지 않았다. 그해 7월 11일 조병옥 특사가 장면 대사와 함께 애치슨 국무장관을 만났을 때 조 특사가 동북아조약기구 결성에 대한 미국의 협조를 요청했지만, 애치슨이 이를 분명하게 거절한 데서 이를 알 수 있다.

≪월간중앙≫의 S 씨 증언으로 돌아가 그는 "프락치사건 관련 국회의원들에 관해 남로당계와 성시백계가 있었다"라고 하며 성시백이 "프락치사건에 깊이 개입해 있었다"라고 말한다. 그는 "국회프락치사건의 핵심 인물 노일환과 이문원 의원은 남로당 계통이었으나 진양 출신 황윤호 의원, 함양 출신 김옥주 의원, 광양 출신 강욱중 의원 등은 성시백 계통이었다"라고 하면서 "두 계통의 프락치 맥이 하나로 얽혀들어 갔다"라고 말한다. S 씨는 다음과 같이 말을 잇는다.

왜 당시 두 계통의 프락치 맥이 하나로 얽혀들어 갔는가가 설명될 필요가 있다. 일제 때부터 ML파 공산주의자로 유명했던 강병도(姜炳度)의 친동생 강병찬이 성시백 선에서 활동한 주요 인물이었다. 따라서 국회 쪽의 성시백 선은 강병찬을 통해 황윤호로 이어졌다. 강병찬은 광양 출신 국회의원 강욱중, 함양 출신 국회의원 김옥주를 포섭하는 데도 성공했다. 이들을 통해 전라도 섬 출신 국회의원 김병회와 배중혁, 최모 등을 포섭하기도 했다.

강병찬은 성시백의 직계선이었고 강병찬을 통해 국회 내에 성시백의 프락치 그룹이 5~6명으로 짜였다. 이로써 성시백은 국회를 합법적 정치투쟁의 장으로 활용할 수 있게 됐다. 남로당은 남로당대로 노일환을 통해 프락치 공작을 펼쳤다. 나중에 남로당의 프락치와 성시백의 프락치가 같이하게 된다.

## 김우식 사례의 함의

김우식이 연루된 '작은 프락치사건'은 국회프락치사건을 둘러싼 의문점을 풀어줄 중요한 단서를 던진다. 국회 안에 남로당 프락치가 수사 당국이 주장하는 것처럼 공산당 세포조직으로 존재하고 실제 남로당의 지령에 따라 움직이고 있었는가라는 의문이다. 이 부분이 프락치사건의 핵심이다. 그런데 수사 당국이 제시하는 증거는 정재한의 몸속에서 나왔다는 암호 문서와 이를 뒷받침한다는 국회의원들의 자백이 거의 전부다.

문제는 암호 문서의 실체를 인정하더라도 그것이 남로당 공작 문서로서 '희망 사항'으로 부풀려졌을 수 있다는 점이다. 마치 김우식이 자기도 모르는 사이 'K-1'이라는 암호명으로 둔갑하여 성시백 정보프락치가 된 것처럼 말이다. 이 암호 문서에는 국회프락치사건의 핵심 인물 노일환과 이문원을 '韓'과 '山'으로 적어놓았다고 적혀 있다. 성시백의 공작원 송태경 입장에서 볼 때 김우식은 '공산당 동조자' 또는 '프락치'라고 부풀려 생각할 수 있어도, 김우식 자신은 꿈에서라도 그런 생각을 해본 적이 없었다.

만일 김우식에게 프랭켈 박사의 법률 조언, 헨더슨을 비롯한 대사관 미국 친구들의 자리를 건 동조 '파업', 마지막으로 노동참사관 얼의 '파격적인' 도움이 없었다면 그의 운명은 어떻게 되었을까? 그도 송태경처럼 가혹한 수사와 고문의 희생자가 되었을 것이다. 그는 성시백 프락치 'K-1'으로 낙인찍혀 비명을 지르며 사라져간 수많은 '빨갱이' 중 한 사람이 되었을 것이다.

국회 안의 프락치 조직의 성격에 관해서도 S 씨의 증언은 단서를 제공한다. 국회프락치에 관해 앞에서 인용한 S 씨는 "국회프락치는 정식 당원들로 구성된 것이 아니라 일반적인 의미에서 '조직관계 동조자로 형성된 소조' 형태의 조직망이었다"라고 한 말을 인용하고 있다. S 씨는 "남로당의 정치적 지도를 받는 정치 소조는 정확한 의미에서 남로당 프락치 조직이라고 할 수는 없는 것이다. 엄격하게 조직적 소조라고 하기도 어려웠다"라고 이른바 국회프락치의 성격을 규정한다.

S 씨는 한국전쟁이 끝난 1954~1955년 국회프락치사건에 대한 '총화'에서 남한 수사 당국의 발표로는 "국회프락치사건과 관련된 여간첩이 38선을 넘으려다 개성에서 잡혔다는데 이게 무엇이냐"라는 논의가 있었다고 하면서 다음과 같이 결론을 맺었다는 것이다.

> 49년 3월 시점이면 박헌영과 이남의 김삼룡, 이주하 사이에는 서득언과 같은 유능한 공작원들이 활발하게 38선을 오가면서 구두로 보고와 지시를 전달하는 등 연락 업무를 맡았는데, 어째서 허술하게 여자 연락원에게 그런 일을 맡겼다가 들통나 버렸는가. 더욱이 남한 수사 당국의 발표대로라면 여자 연락원이 사타구니에 보고 문서를 넣었다가 잡혔다는 것인데 이는 말이 안 된다.…… 결국 이 부분은 남한 수사 당국의 조작일 가능성이 크다는 평가가 내려졌다.

결론적으로 김우식이 연루된 '작은 프락치사건'은 제헌국회 소장파 국회의원 13명이 연루된 국회프락치사건의 진상이 무엇인지 알려주는 안내자 역할을 한 셈이다. 김우식은 여러 가지 우연한 요인이 복합적으로 작용해 천우신조로 공산당 프락치 혐의에서 풀려날 수 있었다. 그러나 이와 같은 행운이 프락치사건에 연루된 13명의 국회의원에게는 주어지지 않았다. 그럼에도 중요한 것은 김우식 사례가 국회프락치사건을 들여다볼 수 있는 창문이라는 점이다. 이 창문을 통해 우리는 수수께끼 같은 암호 문서, 고문 수사로 받아낸 자백, 무엇보다도 남로당 공작 문서를 악용해 무고한 사람들을 법망으로 단죄할 수 있다는 추론에 고개를 끄덕이게 된다. 요컨대 유영구의 글에 등장하는 S 씨의 '증언'은 비록 검증의 시험을 거치지 않았더라도 성시백의 공작원 송태경이 김우식을 상대로 공작한 것이 틀림없는 사실로 드러난 이상, 김우식 사례는 국회프락치사건의 혐의를 입증하는 증거는커녕 그 허구를 반증하는 창문이 된 셈이다.

## 프락치사건의 배경

국회프락치사건은 어떤 국내외적 배경에서 일어났는가? 이 사건은 앞에서 보았듯이 1948년 5·10 총선에서 등장한 소장파 세력에 '남로당 프락치'라는 혐의를 덮어씌운 '정치사건'이다. 그 뒤 이 사건에 대해 이승만의 정치적 후원자 미국이 눈을 감으면서 정치적으로 처리되고 말았다. 당시 미국은 지금과는 사뭇 다르게, 신생 대한민국의 생사여탈권을 가진 패권국이었다. 따라서 미국 대사관의 묵시적 승인이 없고서는 국회프락치사건은 일어날 수 없었다.

그러나 초창기 미국 대사의 저지 노력에도 프락치사건은 일어나고 말았다. 그 배경은 무엇일까? 거기에는 미국의 대한정책이 놓여 있다는 것을 놓쳐서는 안 된다(김정기, 2008b: 제8장 참조).

## 요약과 결론

이렇게 국회프락치사건은 여러모로 조작된 사건임이 드러난다. 그렇다면 조작자들은 누구인가? 당시 국회 징계자격심사위원장으로 의원들의 행태를 꿰뚫고 있던 김영기 의원은 이승만의 수족처럼 움직였던 "장경근과 김준연 등"이라고 지목한다. 물론 그 밖에 시경국장 김태선, 오제도 검사 등이 있었지만 그들은 조역에 머무른 자들이다.

미국은 이승만이 휘두르는, 국회 소장파를 겨냥한 칼춤을 처음에는 저지하려 했으나 결국 이를 묵인하고 말았다. 그것은 여러 가지 요인이 복합적으로 작용한 산물이었다. 그 결과 그레고리 헨더슨이 짚었듯이 신생 대한민국은 민주주의의 갈림길에서 이승만 반공국가의 독재체제로 들어서고 말았다. 소장파는 몰락하고 역사의 뒤안길로 사라져버렸으며, 그와 함께 한국의 민주주의는 형해(形骸)화되고 말았다.

이야기를 전개하기 위해 문제를 제기해 보자. 이승만 정권은 왜 실질적이든 외관상이든 민주주의의 간판인 국회의원들에게 '남로당 프락치'라는 혐의를 씌워 사법적 처벌을 감행했을까? 사건의 수사 과정이나 재판 과정에서 밝혀지듯이 국회프락치사건은 억지로 꾸민 사건이었다. 필자는 그것이 이승만 정권이 기획한 정치 게임의 승부수라고 생각한다. 그 정치 게임이 노린 것은 반공 신화가 지배하는 극우 반공독재국가의 건설이었다.

제3장

# '증제 1호'의 정치 코미디

앞에서 살펴보았듯이 국회프락치사건은 제헌국회의 소장파에게 '남로당 프락치'라는 혐의를 덮어씌운 정치사건이다. 그러나 오제도 검사에게는 이 정치사건을 사법재판으로 넘기기 위해 증거가 필요했다. 오제도는 이를 위해 '증제 1호'를 재판부에 핵심 증거로 제출했다.

이 '증제 1호'를 구성하는 '남로당 특수공작원'이라는 여인 정재한과 그녀가 음부 속에 숨겨 운반했다는 암호 문서는 전체적으로 보아 한 편의 저질 정치 코미디로서의 성격이 뚜렷하다. 이 장에서는 이를 파헤쳐 보자.

## 1. 암호 문서의 수수께끼

정재한의 암호 문서는 프락치사건 수사를 주도하고 기소한 오제도 검사에 의해 '증제 1호'로 재판부에 제출되었다. 이 문서에 의하면 남로당 첩자들이 공작한 결과 국회 소장파 의원들이 '남로당 프락치'가 되어 남로당의 지령에 따라 외군 철수 운동 등을 벌였다고 한다. 그러니까 서울시경 사찰과 주임 김호익 경위를 비롯한 특수 요원들이 1949년 6월 16일 정재한을 개성에서 체포해 입수한 이 문서가 없었더라면 국회프락치사건은 성립될 수 없는 것이다.

증제 1호의 그 진실성 문제를 잠시 뒤로 미루고, 남로당 공작 문서로서 실체성은 인정할 수 있는가? 여기서는 의문에 휩싸인 증제 1호를 둘러싸고 제기되는 문제점 중 다음에 대해 해답을 모색하고자 한다. 곧, ① 이 남로당 공작 문서의 실체가 제대로 입증되었는가? 만일 실체적 문서라면 검찰이 의도적으로 '왜곡'하여 증제 1호로 만든 것은 아닌가? ② 재판부는 이 문서에 대해 어떠한 태도를 취하고 있는가? ③ 검찰은 왜 하필 정재한 여인의 음부 운반설을 주장했으며, 그 주장의 문제점은 무엇인가? 마지막으로 ④ 이 문서의 운반책으로 알려진 정재한 여인은 실제 존재하는 인물인가?

먼저 해답을 모색하기 전에 이 암호 문서에 담긴 내용이 무엇인지 살펴보자. 여기에는 거의 30여 명의 국회의원들을 포함한 암호 기록의 '해표(解表)', 「3월(1949년)분 국회공작보고, 유엔한위에 진언서를 제출하는 투쟁보고서」가 있다고 되어 있다. 특히 이른바 「…… 투쟁보고서」는 40여 쪽에 이르는 장문이기 때문에 "작은 글씨를 한 칸에 두 줄씩 양면 괘지에 수록하였다"(오제도, 1957: 380)라고 되어 있다. 그 두꺼운 문서를 한 여인의 음부 속에 숨겨 운반했다고? 이 점은 마지막으로 살펴볼 것이다.

## 눈길을 끈 암호 해표

먼저 이 문서에 쓰여 있는 암호 해표가 눈길을 끈다. '주주총회보고서'라는 표제를 달고 있는 이 암호문은 "38명의 유능한 형사들에 의해" 해독되어 내용 전모가 드러났다고 한다(오제도, 1957: 380). 국회의원들을 주주로 표시하고 암호로 쓴 '주주들의 활동 상황'과 '발언 평가' 등이 담겨 있었다는 것이다. 30여 명의 주주들의 암호를 푼 결과 '韓(한)', '山(산)', '元(원)'과 같이 외자를 사용했으며, 외군은 '外資(외자)'로, 국민은 '消費者(소비자)'로, 정부는 '會社(회사)'로 표시되어 있다고 했다. 그런데 '韓'의 경우 노일환(盧鎰煥)을, '元'의 경우 박윤원(朴允源)을 말하는데 비슷한 음의 한자를 쓴 경우이고, '山'의 경우 이문원(李文源)인데 그의 출신지 익산(益山)에서 따온 것으로 풀이한다.

표 4-1에서 보는 바와 같이 암호로 표시된 국회의원 29명 중에는 프락치사건에 연루되지 않은 의원들이 상당수 포함되어 있다. 이 암호 문서에 의하면, 1949년 3월 19일 김약수 등 62명의 국회의원이 유엔한위에 외군 철수를 요구하는 진언서를 전달한 뒤 그 취지를 설명하기 위해 3월 22일 안국동 일심각에서 기자회견을 자청해 다음과 같이 발언했다.

韓(노일환): 외자[외군]하에 진정한 민주적 통일은 없고 외자하에서의 통

표 3-1 증제 1호에 적힌 국회의원 암호(暗號)와 해호(解號)

| 암호 | 해호 | 암호 | 해호 |
|---|---|---|---|
| 수 | 金若水(김약수) | 長(장) | 元長吉(원장길)* |
| 韓(한) | 盧鎰煥(노일환) | 英(영) | 金英基(김영기)* |
| 會(회) | 金秉會(김병회) | 基(기) | 金基喆(김기철)* |
| 山(산) | 李文源(이문원) | 老(노) | 金益魯(김익노)* |
| 求(구) | 李龜洙(이구수) | 重(중) | 裵重赫(배중혁) |
| 宇(우) | 李成佑(이성우)* | 烈(열) | 金長烈(김장열)* |
| 梁(양)** | 金沃周(김옥주) | 中(중) | 金仲基(김중기)* |
| 元(원) | 朴允源(박윤원) | 植(식) | 金仁湜(김인식)* |
| 江(강) | 姜旭中(강욱중) | 甲(갑) | 曺奎甲(조규갑)* |
| 吉(길) | 徐容吉(서용길) | 云(운) | 朴己云(박기운)* |
| 尹(윤) | 黃潤鎬(황윤호) | 日(일) | 徐相日(서상일)* |
| 林(임) | 林奭圭(임석규)* | 夏(하) | 洪性夏(홍성하)* |
| 成(성) | 趙鍾勝(조종승)* | 延(연) | 金俊淵(김준연)* |
| 炳(병) | 張炳晩(장병만)* | 俊(준) | 金光俊(김광준)* |
| 丁(정)** | 崔泰圭(최태규) | | |

주: * 프락치사건으로 기소되지 않은 국회의원이다.
** 이문원의 경우 출신지 익산에서 '山(산)'을 따오고, 김옥주의 경우 출신지 광양(光陽)에서 '梁(양)'을, 최태규의 경우 출신지 정선(旌善)에서 '丁(정)'을 따온 것으로 풀이된다.
자료: 김세배 엮음(1964: 679~680).

일이란 새로운 분열을 내포하고 있다.

吉(서용길): 외자 철거는 유엔 헌장을 당연히 진행하는 것이며 이것 없이는 평화통일이 있을 수 없다.

寄[基](김기철): 외자 철거는 전 소비자[국민]의 진정한 요구이며 어느 나라의 사주는 아니다.

江(강욱중): 외자 철거는 누구나 부르짖는 것이다. 외자 철거 없이 어떻게 자주독립이 있는가?

元(박윤원): 우리는 전면적인 외자 철거를 주장한다(동아일보사, 1975: 49).

이 암호 문서가 남로당 내부 공작 문서로서 북한의 박헌영(朴憲永)에게 보고하기 위한 것이라면, 여기에 쓰인 표현들은 공작원들이 자신들이 활동한 성과를 과시하는 것처럼 들린다. 문제는 이 문서에 관련된 핵심 인물들이 한 번도 공판정에 불려 나온 적이 없고 아무런 진술도 하지 않았다는 점이다. 이들 핵심 인물이란 남로당 총무부 월북문건책인 박시현(朴時鉉), 문건부책 박정휘(朴廷暉), 연락원 전정환[全正煥: 판결문에는 전정환으로 나오나 실은 김정환(金正煥)이다], 연락원 정재한, 그리고 접수책 우상덕(禹相德)이다. 이들에 대한 사법경찰관의 신문조서에 의하면, 1947년 9월부터 남로당 공작원들이 월북한 박헌영에게 20여 차례나 비밀 문건을 전해왔다는 것이다. 사법경찰관의 신문조서에 의하면, 박시현은 다음과 같이 증언하고 있다.

나는 남북연락책임자로 취임한 이후 나에게 배려된 박정휘 전정환을 통하여 사무를 수행하는데 그것을 하부당원으로부터 상부 이북 박헌영에 송달할 정보를 이북에 보내는데 관헌에게 발각되지 않게 기술적으로 정리포장하여 전정환을 주면 동인은 차(此)를 정재한이라 하는 여성에게 준다. 정재한은 그 기밀서류를 수취하여 자기 신체 내에 교묘히 은닉

하여 개성부 내 이하 불상거주(不詳居住) 우상덕에 수도(手渡)하여서 이북에 연락을 한다(「국회푸락치사건 판결」 1, ≪다리≫, 1972.4, 199~200쪽).

그런데 이상한 일은 이들 핵심 인물이 모두 경찰에 체포되었음에도 공판정에 출정해 증언을 하지 않았다는 사실이다. 이들이 공판정에 출정하여 '증제 1호'에 관해 증언하면 이 핵심 증거의 신빙성에 보탬이 된다는 것을 누구보다도 검찰이 잘 알고 있을 터다. 그런데도 정재한의 경우만 변호인 측의 증인 신청이 있었을 뿐 다른 사람들은 전혀 증인으로 신청되지 않았다. 이들 중 정재한, 박정휘, 김정환(전정환으로 오기)은 공판이 진행되는 기간에 처형되었기 때문에 증인 출석이 원천적으로 불가능했으나, 이를 아는 사람은 아무도 없었다. 다만 이들이 진술했다는 신문조서만이 증거로 제출되었을 뿐이다.

유일하게 검찰 측 증인으로 불려 나와 '증제 1호'에 관해 증언한 사람이 남로당 중앙위원이라는 이재남(李載南)이다. 사광욱 판사는 그의 증언을 증제 1호에 부합하는 취지로 해석했으나, 다음 장에서 밝히겠지만 그것은 억지 해석이었다. 오히려 그의 증언은 증제 1호의 신빙성을 훼손하는 것이었다.

그렇다면 이 암호 문서는 실체가 있는 것일까? 국회프락치사건 피고인들과 변호인들은 이 암호 문서의 실체에 대해서는 다투지 않고 그 존재를 인정하고 있다. 그들이 힘주어 주장하는 것은 이 암호 문서의 실체라든가 내용이 아니라 그것이 남로당 공작원들이 쓴 공작계획서 또는 선전물에 불과하며 사실이 아니라는 것이다. 『비화: 제1공화국』에 담긴 동아일보 기자들의 기록을 보면, 이 암호 문서를 둘러싸고 수사 당국 안에서 '확대해석'을 경계하는 목소리가 있었지만 무시되고 말았다는 것이다(동아일보사, 1975: 62).

국회프락치사건 재판 결심공판(1950년 2월 11일)에서 피고인 김약수, 이문원, 오관의 변호인 신순원은 다음과 같이 주장한다.

> 여러분도 아시다시피 고 김호익 총경이 이 사건을 수사하느라 많은 시간을 보냈습니다. 드디어 그는 증제 1호를 개성에서 압수했습니다. 그러나 이 문서는 남로당의 음모이며 증거로서는 무가치합니다. 한 예를 들어봅시다. 한 아내가 병든 남편을 위해 한약을 달이고 있다고 칩시다. 그때 한 남자가 그녀에게 무엇인가 주고는 한약과 섞으면 남편을 치료하는데 효험이 있을 거라고 알려주었습니다. 아내가 이를 섞어 남편에게 마시게 했습니다. 그러나 남편은 그 한약을 마시고 죽고 말았습니다. 섞은 것이 아편이기 때문이었습니다. 여러분은 이 여인에게 어떤 벌을 과하겠습니까? 노일환과 이문원은 똑같은 조건에 있는 것입니다(헨더슨 공판 기록, 제15회 결심공판분에서).

여기서 신순원 변호인은 증제 1호가 보여주는 암호 문건은 남로당의 음모이며 노일환·이문원 피고인이 이에 속은 것처럼 표현하고 있으나,

실은 검사가 이를 악용하거나 이에 속고 있는 것이 아니냐고 묻고 있다. 피고인 최태규의 담당 변호인 박원성은 "증제 1호는 믿을 만한 증거가 아니다"라며 "만일 박헌영이 남한 국민이 모두 남로당원이라고 말했다면 그것을 어떻게 해석해야 하느냐?"라고 물었다. 그는 "피고인들이 바로 똑같은 처지에 있다"라고 주장했다(헨더슨 공판 기록, 제15회 결심공판분에서).

동아일보 기자들이 작성한 기록에는 문제의 암호 문서가 1949년 4월 초 남로당 특수조직부가 있는 서울 중구 충무로2가 55번지를 급습하여 취득한 「주주총회보고서(株主總會報告書)」라고 단정하고 있다(동아일보사, 1975: 60). 동아일보 기자들이 쓴 기록에 의하면 "정재한의 은폐 문서는 수사 결과 국회프락치사건과는 관련이 없는 남로당의 통상적인 정보 보고로 밝혀졌다"라는 것이다. 따라서 동아일보 기자들은 이 암호 문서가 "주주총회보고서가 아니라 정재한 여인의 은폐 문서라고 공표한 것은 여러모로 조작된 것임이 분명하다"(동아일보사, 1975: 60)라고 결론을 내렸다.

이렇게 단정하는 근거를 밝히지 않아 확인할 수는 없지만, 이 기록이 사실이라면 정재한 여인이 지녔던 '남로당의 통상적인 정보 보고'가 '암호 문서'로 둔갑한 셈이다. 필자는 문제의 암호 문서가 완전하게 조작된 것으로 믿기 어렵다고 하더라도 주요 부분은 짜맞추기식으로 꾸며졌다고 추측한다. 당시 남로당 공작원들에 대한 경찰의 '소탕 작전'이 상당한 성과를 거두었으며 그때 많은 기밀문서가 입수되었다고 알려졌다. 이런 기밀문서들을 짜깁기하여 '증제 1호'로 둔갑시켜 국회프락치사건의 내막이라고 '폭로'한 것이 아닐까?

## 음부 은닉을 미리 알고?

필자가 그렇게 추측하게 만든 정황은 증제 1호를 가장 가까이에서 다루었을 검찰 측 수사관들이 이 기록을 둘러싸고 엇갈린 발언을 하고 있다는 사실이다. 정확성과 확실성을 담보하는 문서라면 이해관계에 민감한 수사관들이 엇갈린 발언을 한다는 것은 경험칙으로 상상하기 어렵다. 먼저 이 문서가 6월 16일 개성에서 입수된 경위다. 오제도 검사와 함께 수사 당국이 발표한 경위는 다음과 같다.

> [1949년] 6월 10일[16일] 오전 10시 이 중년여인은 광우리 장사로 가장하고 충무로2가에 있는 집을 나와 서울역을 향해 가는 것이었다. 서울역에서 그 여자는 개성행 차표를 사고 차에 올랐다. 미행하던 김윤쾌 경사와 [그 일행]도 같이 개성행 열차에 올랐다.…… [열차가] 개성역에 도착하자 2명의 형사가 먼저 역전파출소에 달려가서 입초순경을 시켜 광우리 장사 여자를 불심검문케 하였다. 불심검문과 소지품 검사를 해보았으나 아무 이상이 없었다. 그대로 보낼 수도 없었다.
>
> 김윤쾌 경사는 그 여인을 파출소 숙직실로 들여보낸 다음 여순경을 입회시킨 자리에서 그 여자의 의복 속은 물론이려니와 치마허리, 옷고름, 버선 속까지 샅샅이 수색하였다. 그러나 결과는 아무것도 나오지 않았다.
>
> 이제는 도리가 없었다. 최후의 방법만이 남아 있었다. 그 여자에게 용

변을 강요해 보는 수밖에 없었다. 그 순간 광우리 장사 여인의 얼굴빛이 달라지기 시작하였다. 변소에 들어간 여인의 일거일동은 창문을 통하여 샅샅이 살펴졌었다.

허리띠만 끌르면 용변할 수 있게 된 옷차림의 그 여인은 변소에 들어가자마자 왼손으로 자기의 음부를 주무르는 동시에 반쯤 앉은 엉거주춤한 자세를 잠시 취하는 것이었다. 바로 그 순간 "여봣!" 하는 고함소리와 함께 변소문 밖에 서 있던 형사들이 뛰어들어 그 여인의 왼 손목을 잡아 당겼다.

그 왼 손아귀에 쥐어졌던 조그마한 아이스캰디 모양의 무엇인가 변소 바닥에 떨어지는 것이었다. 이 여자의 '아이스캰디' 모양의 종이 속에서 나온 것은 암호로 엮어진 문서였다. 그 중년여인의 이름은 정재한이며 남로당 특수공작원이었다. 정 여인과 암호 문서는 곧 서울로 압송되었다 (김세배 엮음, 1964: 626~628).

이 기록은 한 편의 저질 코미디같이 들린다. 오제도가 1982년 발표한 글에도 이와 유사한 내용이 나온다. 그는 "수사관들이 찾던 것이 여인의 음부에 감추어져 있을 줄은 미처 예상하지 못했다"라며 그 문서를 발견한 순간 "수사관들은 일제히 함성을 질렀다"라고 감격적인 어조로 쓰고 있다. 그러나 이상한 점이 있다. 수사 당국이 발표한 공식 기록에는 문제의 암호 문서가 정 여인의 음부에 감춰져 있었음을 사전에 전혀 알지 못한 것처럼 기술되어 있지만, 정 여인을 체포한 당사자인 김호익 경위가 썼다고 하는 『한국에서 최초로 발생한 국제간첩사건: 일명 김호익 수사일기』(이하 『김호익 수사일기』)에는 전혀 다르게 기술되어 있다는 점이다.

이 일기 1949년 6월 15일 자에 의하면, 김호익과 함께 문제의 남로당 '의문의 집'(서울 중구 충무로2가 55)을 주시하던 '김 경사'가 정재한이 늦은 밤 '비밀문건'을 "치마를 뚫고 즈로-스에 넣는 것을 보았다"고 한다. 말을 바꾸면 정재한이 암호 문서를 치마 속 '월경대'에 감춘 것을 미리 알고 있었다는 것이다. 그뿐 아니라 그 암호 문서 속에 국회프락치사건의 전모를 푸는 열쇠가 들어 있다는 것을 미리 알았음을 시사한다. 이를 『김호익 수사일기』에 다음과 같이 기술하고 있다.

> 밤 열 시가 되니까 정전이었던 전기가 들어왔다.…… 앞집 이층을 바라보니 아까 촛불을 켰을 때는 사람들이 많은 것 같았는데, 전등이 오고 보니 단 세 사람뿐이었다. 박정휘(朴廷暉), 전정환(仝正煥)[실은 김정환(金正煥)—필자]은 자리에 누워 있고 정재한만이 앉아서 무어라고 하는 것 같았다.…… 그러자 정재한이 벌컥 일어나드니, 조고만한 종이(文件) 뭉치를 치마를 뚫고 '즈로-스' 속으로 넣는 것이었다.…… 김 경사는 긴장된 얼굴로 나를 바라보면서 속말로 "저놈이 비밀문건이올시다. 저것만 우리 손에다 넣으면 모든 '프락치'들을 다 잡을 수 있겠는데……"라고 말하였다(김호익, 1949: 148~149).

김호익은 "나는 말할 수 없이 홍분되어 못을 박은 듯이 꼼짝도 못 하고 정재한의 거동을 바라보고 있었다"면서 "아마 그 문건은 월경대(月經帶) 같은 데다 넣은 것같이 보이었다"라고 기술한다. 정 여인이 치마 속 '즈로-스'에 무언가를 넣은 것을 미리 알고 있던 그는 암호 문서의 입수 경위를 다음과 같이 기술한다.

> 나는 모든 인간적인 도덕적 양심을 버리고 속바지까지 벗으라고 명령하였다. 그때서야 정은 깜짝 못 하고 목석같이 말조차 못 하고 서 있을 따름이었다. "우리가 손을 대고 끄낼 때까지 그러질 말고, 어서 당신 손으로 끄내는 것이 어떠하십니까?" 한즉, 그때서야 하는 수 없이 눈물을 머금고 '월경대' 비슷한 길다란 주머니 속에서 모든 문건을 끄내는 것이었다. 그때에 정의 얼굴은 말이 아니었다. 그러나 할 수 있냐, 하고 그 문건을 나의 가방 속에다 넣고…… 결국 그 문건은 국부에서 나온 셈이다. 정의 국부에다 월경대 비슷한 것을 만들어가지고, 거기에다 문서를 다 넣었던 고로 결과로 보아서는 국부에서 나왔다 아니할 수 없다(김호익, 1949: 158~159).

### 증언이 제각각인 암호 문서 모양

증제 1호를 둘러싼 또 다른 문제는 이 암호 문서의 크기와 모양에 관해 기록들이 각기 달리 묘사한다는 점이다. 오제도는 "분필만 한 크기의 똘똘 만 종이쪽지"라고 표현하면서 "모래알보다 더 작은 글씨로 한 칸에 두 줄씩 양면 괘지에 수록하고 있었다"(오제도, 1982: 380)라고 쓰고 있다. 그러나 『좌익사건실록』(1964)은 암호 문서의 모양을 "아이스캔디 모양의 종이" 뭉치라고 묘사하고 있다. '분필만 한 크기의 똘똘 만 종이'인지 또는 '아이스캔디 모양의 종이' 뭉치인지는 중요하다. 뒤에서 살펴보겠지만, 암호 문서의 모양은 이 암호 문서의 양이 여인의 음부에 담을 만한 것인지 가늠할 수 있는 일종의 잣대가 되기 때문이다.

이 암호 문서는 「3월분 국회공작보고, 유엔한위에 진언서를 제출하는 투쟁보고서」를 비롯해 '암호 해표' 등 분량이 꽤 많은 문건으로 구성되어 있다. 이는 약 40~50쪽에 달하는 장문의 문건으로, 살아 있는 한 여성의 음부에 담기에는 너무 많은 분량임을 말해준다. 동아일보 기자들이 쓴 기록도 "정재한은 국부 음폐를 부인하고 있고 경찰에 압수된 서류는 '엄지손가락만 한 크기'(따옴표는 필자)의 것이어서 국회프락치 사건과 관련된 국회 내 공작과 군사 경찰 기밀정보 등 많은 것을 담을 수 없게 되어 있었다"(동아일보사, 1975: 60)라고 기술하고 있다.

오제도가 쓴 글에는 양면 괘지 한 칸에 '두 줄씩' 썼다고 묘사하고 있지만, 아무리 작은 글씨로 썼다고 쳐도 이 분량은 "분필만 한 크기의 똘똘 만 종이쪽지"에는 맞지 않는 것으로 짐작할 수 있다. 이 점을 의식했는지 모르지만 방송드라마 작가 오재호가 쓴 『특별수사본부』(1972) '국회프락치사건' 편에는 "양면 괘지 한 칸에 양귀비 씨알만 한 글씨로 네 줄을 써내려 간 이 기밀문서"라고 기술되어 있다(오재호, 1972: 303). 또 이 암호 문서를 직접 썼다고 하는 남로당 공작원 이태철은 자수한 뒤 열린 기자회견에서 "이 손으로 양면 괘지 한 칸에 네 줄을 썼습니다"라고 진술하고 있다(오재호, 1972: 279). 오제도는 한 칸에 두 줄씩 썼다고 묘사하고 있으나, 이 문서를 작성했다는 장본인 이태철이 한 칸에 '네 줄'씩이라고 말한 것은 어떤 의미를 내포하고 있을까? 이는 아마도 방송드라마 작가 오재호가 오제도의 뜻에 따라 이 암호 문서의 분량과 이를 담을 수 있는 '그릇'의 크기와의 상관관계를 감안해 양면 괘지 한 칸에 '네 줄'로 조정했을 가능성을 암시한다.

앞에서 본 바와 같이 수수께끼 같은 암호 문서에 관해 지근거리에서 관찰한 오제도를 비롯한 책임 수사관들의 기록이 이같이 문서의 취득 경위와 모양에 관해 서로 다른 말을 하고 있다. 이를 어떻게 해석해야 할까?

여기에서 필자는 다소 대범한 추리를 해본다. 기본적으로 이 암호 문서가 완전히 조작된 문서가 아닐까 하는 추정 말이다. 만일 암호 등의 문서라면 이 문서를 가장 가까이서 접한 수사 전문가들이 묘사가 이렇게 어긋난다는 것은 논리상으로도, 경험칙상으로도 납득할 수 없기 때문이다.

이 문제의 암호 문서에 어떤 내용을 담았다는 것인가? 그 핵심은 이른바 「3월분 국회공작보고, 유엔한위에 진언서를 제출하는 투쟁보고서」라는 긴 제목의 보고서다. 그 내용은 다음과 같다.

> 남로당으로부터 박헌영에게 보내는 보고안을 국회에 상정 통과시킬 것과 만일 그것이 불여의할 때에는 유엔한위에 외군 철퇴의 진언서를 제출하라는 남로당의 지령을 이삼혁이가 이문원 노일환을 국회 내 공작의

> 핵심분자로 획득하고 나서 박윤원, 김병회, 황윤호, 서영길, 강욱중, 김약수, 이구수, 김옥주, 배중혁, 최태규 등을 대국회공작의 중심으로 하여 외군철퇴안을 상정 통과시키려 하였으나 국회 내 정세에 의하여 그것이 불가능하였으므로 이상의 국회의원들이 주동이 되어 연판운동을 개시한 결과 62명을 획득하여 유엔한위에 진언서를 제출하였다(김세배 엮음, 1964: 629).

이는 법무부에서 편찬한 『좌익사건실록』(1964)에 실린 「국회 내 남로당프락치사건」에서 인용한 내용이다. 남로당 우두머리 박헌영에게 간다는 기밀 공작보고서치고는 요령부득인 것이 눈에 띄지만, ① 이문원, 노일환 두 국회의원을 핵심으로 하는 국회 내 남로당 프락치조직을 만들 것, ② 이들이 남로당의 지령 아래 외군철퇴안을 국회에 상정하여 통과시킬 것, ③ 이것이 여의치 않을 때 외군 철퇴 진언서를 위한 연판운동을 벌여 그 진언서를 새 유엔한위에 제출할 것(100명을 목표로 연판운동을 벌였으나 62명을 모음)을 핵심 내용으로 담았다.

서중석은 이 보고서가 노일환·이문원 등 국회의원들에게 구체적 행동을 지시했는데도 정작 "1949년 2, 3월에 남로당에서 소장파 의원들에게 반드시 부탁 또는 지시하였을 내용이 거의 포함되지 않은 점은 참으로 이상하다"(서중석, 1996: 223)면서 그 신뢰성에 전반적으로 회의를 표한다.

부연하면 이 보고서는 새 유엔한위에 진언서를 제출하라는 지시 외에도 헌법 개조 운동, 정부 개조 운동을 벌이되, 구체적으로 정부의 북벌론, 예산 낭비, 미국에의 무기 요청, 식량 배급, 의타적인 산업경제를 공격하라고 지시하고 있음에도 불구하고, 1949년 2, 3월경에 이승만 정권과 소장파가 최대 접전을 벌인 반민법-반민특위, 토지개혁법, 지방자치법 등의 쟁점에 대해서는 보고서가 침묵하고 있다고 서중석은 지적한다. 곧 이 부분은 이승만 정권의 약점인 반면 북한 정권의 강점인데도 남로당이 이를 이용하지 않고 넘어간 것은 상식적으로 납득하기 어렵다는 것이다.

이런 납득하기 어려운 암호 문서를 증거로 하여 오제도 검사가 기소하고, 사광욱 판사가 공판심리 끝에 유죄 선고를 내리는데, 그 실상에 대해서는 제3부에서 살펴볼 것이다.

## 2. 미스터리의 여인 정재한

국회프락치사건에서 경찰에 이어 검찰이 수사한 결과 밝혀냈다고 하는 '증제 1호'는 수수께끼의 인물 정재한을 중심으로 한다. 그는 어떤 인물인가? 실존 인물일까? 그렇다면 왜 변호인 측이 요청한 증인 신청을 검사가 반대하고 판사가 이를 받아들였는가?

프락치사건 재판이 막바지로 치닫던 제14회 공판(1950년 2월 4일)에서 노일환의 변호인은 정재한을 비롯해 여러 사람을 증인으로 신청했으나 오제도 검사는 이를 반대했으며 재판부는 이를 받아들였다. 부연하면 검사는 정재한 등 증인들이 첫째, "이 재판과 상관없으며", 둘째, 이들 증인이 피고인들을 보호하기 위해 허위 증언을 할 우려가 있기 때문에 증인 신청을 받아들여서는 안 된다고 주장했다(헨더슨 공판 기록, 제14회 공판분에서). 그리고 판사가 검사의 주장을 받아들여 정재한 증인 신청을 기각했다. 그러나 곧 밝혀지듯이 정재한은 실존 인물이기는 하지만, 이 시점에서는 이 세상 사람이 아니었다.

지금은 고인이 된 박원순 변호사는 정재한이 "아무도 본 사람이 없는 유령"이며, "헨더슨조차도 이 사건에 관해 조사하고 방청한 결과 그 여인은 존재하지 않는다는 결론을 내렸다고 한다"라고 쓰고 있다(박원순, 1989: 229). 그러나 헨더슨은 SSRC의 연구 지원으로 1972년 7월 중순 프락치사건 연구를 위해 서울을 방문했을 때 정재한이 군법회의에 회부되어 사형선고를 받고 처형당했다는 문건을 손에 넣었다. 그가 이 자료를 어떻게 습득했는지 확실치는 않지만, 당시 한국법학원 원장 양준모 씨와의 인터뷰를 보면 '국방경비법'에 의해 민간인을 군법회의에서 관할할 수 있는 법적 근거 조항에 관해 의견을 교환한 것을 알 수 있다. 아마도 한국법학원 측의 도움으로 이 자료를 습득했을 것으로 짐작할 수 있다. 이 자료에 의하면 당시 육군참모총장대리 육군소장 신태영(申泰英)의 이름으로 된 명령 아래 정재한을 비롯해 김정환(金正煥)과 박정휘(朴廷暉) 등 3인이 군법회의에서 사형을 언도받고 집행된 것으로 나와 있다. 부연하면 이 자료는 1949년 9월 3일 중앙고등군법회의에서 '국방경비대법'

第32조[이적행위]에 의거해 3인에게 사형선고를 내리고, 11월 28일 사형집행 명령을 하달했으며, 12월 6일 실제 총살이 집행된 것을 보여준다.[5]

재미있는 사실은 그로부터 사반세기가 지난 1998년 8월 17일 자 ≪중앙일보≫는 같은 자료에 근거해 정재한이 "프락치사건 첫 공판이 열린 1949년 11월 28일

一. 設置命令

檀紀四二八二年 七月七日/ 九月六日 附 陸軍本部 特別命令 第 一四〇/ 二四四號 十五/ 一 項

二. 判決 及 場所

檀紀四二八二年 九月三日 陸軍本部

三. 被告人 罪名 判決措置 及 服刑場所

| 被告人 | | | | 罪科 | 犯罪事實 | 判定決定 | 承認長官의措置 | 確認長官의措置 | 服刑場所 |
|---|---|---|---|---|---|---|---|---|---|
| 住所 | 職業 | 年齡 | 성명 | | | | | | |
| 서울市 | 商業 | 二七 | 全正煥 | 第三十二條 違反 | 利敵罪 | 死刑 | 原判決 承認함 | 確認執行 | |
| 〃 | 無職 | 二四 | 朴廷暉 | 〃 | 〃 | 〃 | | 〃 | |
| 〃 | 〃 | 四二 | 鄭載漢 | 〃 | 〃 | 〃 | | 〃 | |

◆ 中央高等軍法會議 命令 第一八〇號

檀紀 四二八二年 十二月 一日

陸軍總參謀長 代理 陸軍少將 申泰英

一. 檀紀四二八二年 十一月 二十八日附 中央高等軍法會議 命令 第一六四號의 二에 依據하여 左와 如히 左記名 罪囚에 對하여 死刑執行을 命함

육군참모총장대리 신태영 소장의 정재한 등 처형 명령서

5 이 자료에 의하면 이들 3인의 죄수명은 김정환(金正煥, 27세, 상업), 박정휘(朴廷暉, 24세, 무직), 정재한(鄭載漢, 42세, 무직)으로 적혀 있으며, 육군중앙고등군법회의가 "단기 4282(1949)년 9월 3일" 사형선고를 내렸고, 사형 집행 명령은 "단기 4282년 11월 28일 중앙군법회의 명령 164호의 2에 의거하여 좌(左)와 여(如)히 좌기명(左記名) 죄수에 대하여" 내려지고 있다. 또한 육군참모총장대리 육군소장 신태영의 이름으로 단기 4282년 12월 1일 중앙고등군법회의명령 제180호가 이를 승인하고 있다. 사형 집행 일시는 단기 4282년 12월 6일 14시로 되어 있고, 장소는 서울시 부근, 구체적 장소는 사형집행장교가 정한다고 되어 있다. 집행장교는 서울헌병대 육군대위 홍구표(洪九杓), 입회장교는 헌병사령부 육군군의소령 강순구(姜舜求), 정보국 육군대위 이옥봉(李鈺鳳)으로 기록되어 있다(헨더슨 프락치사건 자료 중 1972년 7월 서울 방문에 관한 자료철, '육군중앙군법회의' 문건 3점).

'국방경비대법' 위반(이적행위)으로 사형을 선고받은 실존 인물이었다" 라고 보도했다는 점이다. 이 기사는 이러한 사실이 중앙일보 통일문화 연구소 현대사 연구팀이 발굴한 자료에 의해 밝혀졌다고 보도했다. ≪중앙일보≫ 기사에서 프락치사건 첫 공판이 1949년 11월 28일에 열리고 정재한이 같은 날 사형선고를 받았다는 보도는 사실 착오이지만(첫 공판이 열린 것은 1949년 11월 17일이고, 정재한이 사형선고를 받은 날은 같은 해 9월 3일이다), 정재한이 실존 인물이라는 것만은 틀림없는 사실이다.

### 형장의 이슬로

이 자료에 의하면 정재한과 함께 처형된 김정환과 박정휘도 실존 인물이다. 이들 3인의 이름은 국회프락치사건 공작과 관련해 체포된 "남로당 월북문건책 박시현, 월북문건부책 박정휘, 연락원 김정환, 여자 연락원 정재한, 개성 연락원 우상덕, 남로당 특수공작부원 이재남, 정해근, 김우진"(동아일보사, 1975: 60)에서도 보인다. 앞에서 언급한 『김호익 수사일기』에도 정재한이 6월 16일 개성에서 체포되었고, 바로 다음 날 '전정환'(김정환을 잘못 표기한 듯함)과 박정휘가 충무로2가 55번지 '국제간첩본부'에서 체포되었다고 적혀 있다(김호익, 1949: 161~162).

무엇보다 프락치사건 담당 검사가 증거로 제출한 검사와 사법경찰관 신문조서에도 이들 3인의 이름이 나온다. 부연하면 검사의 증인 박시현에 대한 신문조서에 의하면 "내가 박정휘 또는 '전정환'(다시 김정환을 잘못 표기)에게 서류를 전하면 동인 등은 정재한이라는 여자에게 주어서 개성까지 운반하며……"라고 나와 있다(「국회푸락치사건 판결」, ≪다리≫, 1972년 4월 호, 198~199쪽).

여기서 의문이 생긴다. 정재한을 비롯해 3인이 1949년 9월 3일 사형선고를 받고 12월 6일 사형된 것은 사실이다. 그렇다면 프락치사건 재판이 한창 진행 중일 때 이들이 죽은 것이다. 특히 정재한과 박정휘는 검사와 사법경찰관 신문조서에서 정재한이 지닌 암호 문서를 입증하는 진술을 하고 있다. 그런데도 그들은 왜 프락치사건 재판이 한창 진행 중에 사형대의 이슬로 사라져야 했는가? 그 재판의 가장 중요한 핵심 증거인 '증제 1호'를 입증하는 결정적인 증인들인데도, 국회프락치사건 제6회 공판(12월 4일) 뒤인 12월 6일에 처형되었다. 그 까닭은 무엇일까?

이는 쉽게 단정하기 어려운 문제지만 필자는 합리적인 추리를 해보고자 한다. 정재한은 검찰 측에 가장 유리한 증인이다. 그러나 증인이 검찰이 바라는 대로 증언한다는 조건을 충족해야 한다. 왜냐하면 문제의 증인이 자칫 검찰이 바라는 대로 증언을 하지 않을 수도 있기 때문이다. 이와 관련해 동아일보 기자들은 정재한의 음부에서 나왔다는 문건이 암호 문서가 아니라 "남로당의 통상적인 정보 보고"라고 주장한 바 있다. 이 주장이 사실이라고 한다면 수사 당국은 이 정보 보고를 암호 문서인 '주주총회보고서'로 둔갑시킨 것이 된다.

서울시경 사찰과 수사진이 1949년 4월 초 충무로 남로당 아지트를 급습해 발견한 주주총회보고서가 실체적 문서라고 한다면, 수사 당국이 어떤 이유에서건 정재한의 국부에서 같은 문서가 발견되었다고 발표한 것은 동아일보 기자들이 말하듯이 조작된 것으로 드러나게 된다. 동아일보 기자들의 말처럼 이는 수사 당국의 신뢰성이 걸린 문제이다. 그런데 시계는 멈추지 않고 재깍재깍 재판 진행을 재촉하고 있다.

여기서 오제도 검사가 지휘하는 수사진은 고민으로 주름살이 깊어지지 않을 수 없었을 것이다. 문제의 정재한을 증언대에 세울 경우, 그 여인이 과연 민감한 증언을 제대로 해낼 수 있을까? 게다가 그 여인은 국부에 암호 문서를 지녔다고 수사 당국이 발표하여 벌써 세인의 주목을 피하기 어려운 '유명인'이 되었다. 따라서 변호인은 물론이고 기자들과 새 유엔한위 사무국 직원을 비롯해 미 대사관 직원 등 외국 참관인들의 시선이 집중될 것이다. 정재한이 검찰 측 질문에도 자연스럽게 답변할 수 있을까 의심이 들지만, 과연 변호인들이 쏟아내는 질문과 반박을 견뎌낼 수 있을까? 여기서 수사관들은 머리를 절레절레 흔들었을 것이다. 그렇다면 이를 어떻게 해결할 것인가? 아예 이참에 그 남로당 계집을 없애버려 화근을 도려내자. 정재한과 함께 김정환과 박정휘도 합장(合葬)해 버리자. 그렇게 해서 수수께끼의 여인 정재한을 비롯한 세 사람은 프락치사건의 재판 중에 저세상 사람이 되어 증인으로 부를 수 없는 유령이 되었을 것이다.

## 요약과 결론

경찰에 이어 수사기관이 밝혀냈다는 '증제 1호'와 그 핵심 인물 정재한 여인을 둘러싸고 벌어지는 이야기는 한 편의 저질 정치 코미디에 다름 아니다. 이 정치 코미디는 각각 역할을 달리하는 인물들이 등장해 구성한다. 1948년 5·10 총선에서 당선된 소장파 세력을 '남로당 프락치'로 몰아가기 위해 권승렬 검찰총장, 김태선 시경국장, 다시 김익진 검찰총장, 오제도 검사 등 이승만 정권의 공안 참모들이 모두 가세한 것으로 보이며 이승만을 우두머리로 하여 공동 기획한, 조잡한 한 편의 음모극이 꾸며진 것이다.

이 정치 코미디는 정경모가 말하듯이 연출은 김태선 시경국장이 맡았으며, 오제도 검사는 얼굴마담, 김준연·김지웅이 '악마적 각본'을 맡았고, '남로당 프락치'라는 가상의 악을 설정해 소탕한다는 이야기 구조를 지녔다. 그러나 관객(국민)은 이러한 저질 정치 코미디를 보고 웃어넘길 수가 없다. 여기에 신생 대한민국의 민주주의를 퇴행시킨 역사의 엄중함이 놓여 있기 때문이다.

## 제1부를 끝내며

제1부에서는 1948년 탄생한 신생 대한민국에서 일어난 '국회프락치 사건'의 진상을 살펴보았다. 이승만 정권이 꾸며낸 이 사건에 얽힌 소

장파 국회의원들은 결국 '남로당 프락치'라는 누명을 덮어쓰고 제거되었다. 그러나 이 사건은 주모자들까지 밝혀진 조작사건임이 드러났다. 그들은 누구인가? 당시 제헌국회 징계자격심사위원장 김영기 의원은 그들이 "장경근 차관, 김준연 등"이라고 단정한다. "이 사건을 아는 자는 천지(天知), 지지(地知), 신지(神知), 그리고 연극의 조작자들까지 합쳐 사지(四知)다"(김태호, 1982: 143)라고 장담한다.

그렇다면 이 사건의 내막은 자명해진다. 이 조작자들이 이승만 대통령의 수족처럼 움직인 장기판의 말이라고 생각하면, 이승만이야말로 조작의 총기획자가 된다. 이는 해방 전후사에 밝은 정경모가 그의 저서 『찢겨진 산하』(2000)에서 밝힌 사실이기도 하다. 이 사건은 이승만이 총기획, 김준연·김지웅이 '악마적 각본', 김태선 시경국장이 연출, 오제도 검사가 얼굴마담 역을 분담한 한 편의 음모극에 다름 아니었다. 이 음모극의 조작 행태는 또 다른 중요한 정치적 함의를 갖는데, 특히 김준연의 경우 군사독재자 박정희의 롤 모델이었을 가능성이 있다는 점이다.

마지막으로 이 사건을 계기로 신생 대한민국의 민주주의는 퇴행의 길로 들어서고, 총기획자 이승만의 의도대로 반공 신화가 지배하는 극우 반공 독재국가가 건설되었다는 점을 다시 한번 강조하고 싶다.

# 제2부

# 의문의 북행길, 고난의 오디세이, 그러나 다시 부른 연가

제4장 '프락치' 의원들은 왜 북행길을 떠났나?

제5장 '프락치' 국회의원 후손들에 대한 영혼 학대

제6장 후손들이 부른 비련의 연가

국회프락치사건에 연루된 국회의원들은 9·28 서울 수복 직전 북행에 나섰다. 그들은 '남로당 프락치'라는 올가미에 묶여 실형 선고를 받았지만 한국전쟁이 터져 북한 인민군이 서울을 점령한 뒤 풀려났다. 따라서 외형으로만 보면 그들은 '남로당 프락치'처럼 행동한 것으로 보인다.

그 결과 그들의 후손들이 '빨갱이'라는 낙인이 찍혀 이승만 정권이 자행한 국가폭력의 한복판에 서게 된다. 문제는 이들이 후손들에게 후환이 있을 것임을 능히 예상할 수 있는데도 그것을 감내하고 북행을 한 것이다. 왜 그래야만 했던가?

이것이 제2부에서 풀어야 할 첫 번째 과제다. 필자는 기록이나 증언에 근거해 여기에 대해 최대한 객관적으로 접근해 보고자 한다. 또한 이들 '빨갱이'의 후손들이 겪은 육체와 영혼의 학대를 밝히려 한다.

이들의 후손이 겪은 이야기는 한국판 오디세이와 다르지 않다. '빨갱이'의 후손들은 이승만 정권하에서 국가폭력의 학대를 겪었다. 그러면서도 그들의 친부, 백부, 숙부, 남편이기도 한 '국회프락치' 의원들을 향한 절절한 연가를 불렀다.

제2부에서는 제목에 포함된 단어 '북행길'이 시사하는 대로 그들이 왜 북행길로 떠났는지를 살펴보고, 그 결과로 그들의 후손이 겪은, 이승만 정권이 저지른 국가폭력의 실상은 어떠했는지 되돌아본다.

먼저 필자에게 주어진 자료를 바탕으로 김옥주·신성균·노일환 의원 자신뿐 아니라 그 가족과 후손이 겪은 고초를 사례로 소개하려 한다. 사건에 연루된 국회의원이 13명이나 되니 그 밖에 훨씬 더 많은, 더 비참한, 더 비인간적인, 더 반인륜적인 이야기가 숨어 있을지도 모른다.

제1부가 헨더슨이 말하듯 신생 대한민국의 민주주의를 가름한 큰 물줄기의 역사라면 제2부는 그 역사의 큰 물줄기를 형성하는 작은 강물의 이야기다.

옛날 미 대륙으로 끌려온 흑인 노예들은 백인들의 학대에 흑인 영가(靈歌)를 불러 영혼을 달랬다고 한다. 필자는 '프락치' 국회의원들의 가족들도 반공 신화가 자행하는 학대를 받으면서도 잃어버린 그리운 임을 향한 사부가나 연가로써 영혼을 달랬을 것이라고 생각해 본다.

'프락치' 국회의원들의 후손들을 만나 필자가 깨달은 것은 이들의 이야기가 이들만의 이야기가 아니라 이승만 독재, 한국전쟁, 반공 신화, 군사독재를 겪은 한 세대, 우리 모두에게 울림을 주는, 우리의 이야기라는 점이다. 그들이 부른 연가는 같은 핏줄을 향한 단순한 그리움을 넘어선 민족의 염원을 담은 것이라고 필자는 생각한다.

제4장

# ‘프락치’ 의원들은 왜 북행길을 떠났나?

1949년 5월 총선에서 소장파 의원들이 개혁정치 세력으로 결집하자 이에 대응해 이승만 정권은 소장파의 핵심 세력을 ‘남로당 프락치’로 몰아 제거했다. 그 뒤 1950년 6월 터진 한국전쟁의 와중에서 프락치 의원들은 북행길을 떠났다. 물론 ‘납북’되었다는 증언도 사실로 여겨지지만, 어쨌든 북한 인민군이 서울을 점령한 뒤 서대문형무소에 갇혀 있던 ‘프락치’ 의원들은 자의든 강제든 1950년 9·28 서울 수복 전에 북행길을 떠났다. 따라서 필자가 여기에서 쓴 ‘북행’이라는 표현은 그들의 행로가 북이었다는 의미의 수사이며, 그들이 자의로 북으로 간 것인지 아닌지를 판가름하고 단정한 것은 아니다.

오랜 세월 동안, 이들의 북행길이야말로 그들 스스로가 남로당 프락치라고 고백한 증명서로 치부되었다. 이것은 그들 자신이 ‘빨갱이’가 될 뿐만 아니라 그들 후손을 빨갱이로 낙인찍는 행위가 되고 말았다.

이를 예상하지 못했을 리가 없을 텐데도 그들은 왜 고난의 북행을 떠나야 했을까?

## 1. 납북(拉北)과 월북(越北) 이야기

후손들 가운데 노일환의 조카 노시선은 노 의원이 납북되었다고 굳게 믿고 있다. 그렇기에 그는 노 의원의 명예 회복을 위해 정부 당국에 진정을 넣는 것으로 일생을 보냈다. 심지어 그는 한국전쟁 당시 평양에서 납북자들이 갇혔던 "평양형무소 내벽에 그려진 비장한" 시구를 인용하면서 "침침한 내벽에 이런 참절(慘絶)하고 애절(哀切)하면서도 조국을 사랑하고 세계 자유국가를 그리는 충정의 그림자를 찾았다"라고 썼다.

> 자유여 그대는 불사조/ 우리는 조국의 강산을 뒤에 두고
> 홍엽만장(紅葉萬丈) 철의 장막 속/ 죽엄의 지옥으로 끌려가노라
> 조국이어 UN이어/ 지옥으로 가는 우리를
> 구출하여 준다는 것은/ 우리의 신념이라(노시선 유고, 734쪽).

'납북'에 대한 노시선의 이러한 굳은 믿음은 헛된 일은 아니었다. 오늘날 '납북'은 북행 인사를 지칭하는 키워드가 되었기 때문이다. 최근 안재홍기념사업회에서 나온 책은 '납북민족지성의 삶과 정신'(선인, 2011)이

라는 표제를 달고 있다. 한편 다른 후손들이 남긴 글을 보면 '납북'과 '월북'이 혼재되어 있다. 신성균 의원의 막내아들 신현국이 쓴 『아버지를 위한 변론』을 보면 신성균이 억지로 북으로 끌려간 경위와 함께 다른 남한 명사들의 신변도 자세히 적혀 있다(이 책에서 신현국은 자신의 어머니의 증언과 『압록강변의 겨울: 납북요인들의 삶과 통일의 한』에 쓰인 신경완의 증언을 바탕으로 아버지의 납북 경위를 썼다고 밝혔다).

> 나는 1950년 9월 25일 아침에 서울인민위원회의 호출을 받고서 이른 점심 식사 후에 가족의 배웅을 받으며 집을 나섰다. 국회프락치사건으로 재판을 받았던 국회의원들의 대다수는 북한 당국이 이미 북으로 데려갔고 그날 소환된 의원은 나를 포함한 네 명이었다. 인민위원회의 성북동 안가에는 임시정부 요인, 정부의 관리, 언론인, 국회의원 등 30명 남짓의 사람들이 모였는데 인민위원회의 관계자가 나타나 서울은 폭격이 심해 위험하니 일행을 평양으로 모시겠다고 통보했다. 사실상 억지로 데려가겠다는 말이었다.…… 그런 상황에서 나는 때마침 인민위원회에 들렀던 노일환 의원의 동생을 만나, 아내에게 당분간 어디로든 피신하라는 당부를 전했다.
>
> 나는 서울시인민위원회의 안가에 이틀간 억류되어 있다가 1950년 9월 27일 한밤중에 다른 일행 30여 명과 함께 지프차, 승용차, 군 트럭 등에 분승하여 서울을 출발했다. 일행은 평양에 도착하여 열흘을 머무르다 후퇴하는 인민군을 따라 다시 북쪽으로 떠났다. 미군의 폭격을 피해 차

를 버리고 하루에 이십 리도, 사십 리도 걸어 6일 만에 회천에 도착했다. 회천에서부터 다시 차를 타고 이동하여 10월 23일에 최종 피난지인 압록강 접경지역의 만포에 도착했다. 서울을 떠난 지 근 한 달 만이었다. 서울을 떠나 만포까지 오는 중에 독립운동가 류동열과 김봉준, 조선일보의 방응모 등이 질병이나 미군의 폭격으로 사망했고 만포에 도착한 직후에는 김규식, 정인보, 이광수 등이 병으로 세상을 떴다(신현국, 2018: 131~132).

## 강원용 목사의 증언

민세 안재홍(安在鴻)의 경우도 납북되었다고 알려져 있다. 해방 정국에서 민세와 함께 일한 강원용(姜元龍) 목사는 비슷한 결의 증언을 하고 있다. 그는 자전적 책 『역사의 언덕에서』(한길사, 2003) 제2권 '전쟁의 땅 혁명의 땅'에서 한국전쟁 중 안재홍의 신변에 대해 다음과 같이 말한다.

> 서울로 돌아온 나는 가까이 지내던 사람들의 행방이 궁금해서 수소문하기 시작했다. 그러나 김규식, 안재홍, 송창근 등은 납북되었고 나머지 사람들도 찾아보기 힘들었다.…… 민세가 납북되었다는 소식은 그의 비서를 지낸 조규희를 통해 알게 되었다. 나는 피난 가기 전 탑골 공원에서 조규희를 만난 적이 있다. 안재홍 선생이 피난 가셨는지 궁금해 하는 내게 그는 서울 어딘가에 숨어 있다고 알려 주었다.

“피난 가고 싶어도 이승만이 전쟁이라는 기회를 이용해서 자신의 정적을 모조리 공산당으로 몰아 총살을 한다는 얘기가 있어 내려가지 못하고 있어요. 그래서 피난도 못 가고 숨어 계신답니다”(강원용, 2003: 100).

강원용 목사가 말한 증언은 필자의 가족에까지 미치고 있어, 필자의 기억 속에 총총히 살아 있다.

나는 민세의 납북 경위를 그의 손녀인 안혜초를 통해 들었다. 민세 역시 믿는 도끼에 발등 찍히는 격으로 잘 아는 사람에 의해 인민군에게 넘겨졌다고 한다. 민세에게는 권태희라고 하는 먼 사돈뻘 되는 사람이 있었는데, 이 사람이 평소 민세를 그렇게 따르고 좋아해서 쌀이나 고기도 사오고 화분도 갖다주는 등 매우 가깝게 지냈다고 한다. 그런데 바로 그 사람이 민세의 은신처를 알아내서 인민군을 대동하고 와 9월 21일 자정에 잡아갔다는 것이다(강원용, 2003: 100~101).

강원용 목사가 말한 민세의 손녀 안혜초는 필자의 아내이니 필자는 민세의 손서(孫壻)다. 이어 강 목사는 안재홍의 인격을 다음과 같이 기린다.

민세, 나는 그를 겨레의 참 선비, 참 스승이라고 생각한다. 조국이 일제의 추잡한 발굽에 짓밟히던 날부터 해방되는 날까지 민세는 많은 나날

> 을 감옥에서 보냈고, 겨우 찾은 해방의 기쁨도 제대로 못 누린 채 국토 양단과 혼란에 빠진 정국에 뛰어들어야 했다. 그 속에서 숱한 오해와 모략 중상으로 상처투성이가 된 민세의 얼굴은 행동하는 지식인의 비극적인 초상화였다(강원용, 2003: 101).

강원용 목사가 남긴 민세의 기록 중 "피난 가고 싶어도 이승만이 전쟁이라는 기회를 이용해서 자신의 정적을 모조리 공산당으로 몰아 총살을 한다는 얘기"가 눈에 띈다. 이는 뒤에서 살펴보겠지만 김옥주 의원이 9·28 서울 수복 직전 북행하겠다면서 한 얘기, 즉 "이(李) 박사가 나를 잡으면 또 죽일라 할 것이니 가야 한다"와 일치하기 때문이다. 이 증언은 '남로당 프락치'로 몰린 김옥주를 비롯한 의원들이 왜 북행을 할 수밖에 없었는가라는 질문에 답을 할 수 있는 실마리를 주고 있다.

북행한 이들은 휴전 뒤 북한에서 1956년 조소앙, 안재홍이 주축이 되어 결성된 '재북평화촉진협의회'를 중심으로 활동을 멈추지 않았다. 그런데 휴전협정이 조인되었을 때 이들은 이를 반기면서도 서울로의 환향 문제가 나오자 이승만의 보복에 대한 두려움을 나타내고 있다. 그들은 이승만의 관용을 기대하는 것은 어리석다고 말한다.

> 김약수, 최동오, 송호성, 노일환, 박윤원 등은 "즉시 환향한다는 것은 우리 쪽의 일방적인 생각일 뿐, 아무런 보장도 없고 이승만 정권을 너무 얕본 그들의 본성을 모르는 이야기"라고 말했다. "설사 북한 당국이 우리

를 서울로 환향시켜 준다 해도 북한에 와서 3년 동안이나 지내다가 멀쩡 한 몸으로 돌아가면 처자식·친지들이야 얼마나 좋아할 것이며 우리 역시 개인적으로는 참으로 행복한 순간이라 할 수 있겠으나 이승만이 그것을 가만히 두고 보겠는가? 그는 잠시 이북에 다녀왔다고 해서 우리 지도자이며 귀감이신 백범 선생을 무참히 살해하지 않았는가. 그들이 우리의 진실을 믿어줄 것이라고 여기는 자체가 어리석은 생각이다"(이태호, 1991: 160, 신경완 증언).

이태호의 책 『압록강변의 겨울: 납북 요인들의 삶과 통일의 한』에서 증언의 주인공으로 등장하는 신경완(申敬完)은 북한 정무원 부부장(차관급)으로 1980년대에 제3국을 통해 망명한 인물인데, 1951년부터 1968년까지 조국통일민주주의전선의 부국장으로서 납북 요인을 관리한 인물로 알져져 있다. 그의 증언 내용 모두가 사실인지는 의심이 들지만, 주요 납북 인사의 활동이 소묘되어 있어 흥미를 끈다.

그러나 다른 후손들이 남긴 글을 보면 납북보다는 생존을 도모한 불가피한 월북이라는 인상을 준다. 김옥주 의원의 조카 김진휴가 쓴 글은 이를 생생하게 증언하고 있다.

숙부님은 9월 28일에 서울이 UN군에 의해 수복되기 직전 필동 어머님에게 작별인사차 오셨더란다. 어머님은 "북으로 가지 말고 여기 남아 자수하고 가족하고 살면 좋겠다"고 간곡히 권했으나 "이(李) 박사가 나를 잡으면 또 죽일라 할 것이니 가야 한다"고 떠났다고 한다. 어머님은 담요 하나에 우리 아버지 겨울 내복 하나 싸서 드렸다고 한다.…… 서용균(徐容均)[서용길의 오기] 의원을 제외한 제헌의원 소장파 12명은 9·28 수복 3일 전 돈암동 종점에서 집결해 보따리 하나씩 들고 도보로 미아리고개를 넘어 북쪽으로 향했다. 평양을 거쳐 계속 북상하다가 중공군(中共軍) 개입으로 전세가 역전되자 다시 평양 근처로 내려와 자리를 잡게 된다(김진휴, 2012: 719, 720).

그렇다면 이 '프락치' 의원들은 왜 북행을 하게 되었는가? 그들은 정말 '남로당 프락치'로서 북한 정치체제를 선호해서 간 것인가? 필자는 그들의 북행에는 두 가지 원초적 원인이 잠재해 있다는 것을 깨달았다. 하나는 '남로당 프락치'로 체포된 뒤 '합동조사위원회'라는 초법적 기관에서 반인륜적인 고문 취조를 당한 것이다. 김진휴의 기록은 그것을 생생하게 증언한다.

방첩대, 헌병까지 포함된 군(軍), 검(檢), 경(警) 합동조사단이 구성되어 필동[필동 양반촌 자리] 헌병사령부에서 본격적인 개별조사를 강도 높게 받았다. '명색이 이 나라 헌법을 기초한 내가 이런 수모를 당해야 하는가' 하는 회의(懷疑)로 저항도 해보고, 계엄령하도 아닌데 군(軍)이 조사에 개입한다는 것은 언어도단이요 위법한 짓이라고 항변했으나, 돌아오는 것은 매찜질이었고, 수시로 당하는 전기고문은 인간을 갈기갈기 찢어

버리고도 남음이 있었다 한다.

여름철이라 활딱 벗기고 나신으로 콩크리트 바닥에 꿇어앉히고 물고문 등을 가하는 것을 당하고 나니 인간이 이렇게 잔인할 수 있는가, 인간은 동물에 불과하다는 것을 절실히 느꼈다고 한다. 그러면서 "형수님, 저는 이제 아이도 가질 수 없을 것입니다" 하는 말에 어머님은 펑펑 우시고 말았다(김진휴, 2012: 719).

도대체 경찰이 무슨 짓을 저질렀기에 "저는 아이도 가질 수 없을 것"이라고 했을까? 김옥주는 서울 필동 소재 헌병사령부 제2호 감방에 수감되어 20일 동안 수사관에게 문초를 당했다. 다음에 이어지는 제3부에서 독자들은 김옥주가 썼다는 '고백원문'을 만나겠지만 그는 거기서 자신이 어떤 기계로 고문당했다는 것을 상당히 분명하게 시사하고 있다. 이런 경찰국가의 만행을 겪은 뒤 그는 북행을 떠난 것이다.

다른 하나는 절체절명의 위기에 처한 인간이 동물적 감각으로 긴급히 피난한 것이라는 점이다. 김진휴의 기록 가운데 "어머님은 '북으로 가지 말고 여기 남아 자수하고 가족하고 살면 좋겠다'라고 간곡히 권했으나 '이(李) 박사가 나를 잡으면 또 죽일라 할 것이니 가야 한다'"라는 기술을 상기해 보자. 이 무고한 '프락치' 의원들에게 이승만 정권은 얼마나 무섭고 치가 떨리는 정권이었을지 짐작하기가 어렵지는 않을 것이다.

## 2. '프락치' 의원들의 북녘에서의 삶

이렇게 자의 반 타의 반으로 북행길을 떠난 '프락치' 의원들은 북녘에서 어떤 삶을 살았을까? 북한은 이들에 어떤 처우를 해주었는가? '프락치' 의원들은 북녘에서 비교적 독자적인 활동을 왕성하게 폈던 것으로 보인다. 이들은 '재북평화통일촉진협의회'(이하 '협의회')에 소속되어 '평화통일운동'을 멈추지 않았다.

협의회는 1956년 7월 2일 납북 인사 400여 명이 모란봉 극장에 모여 결성한 단체다. 그 중심축은 조소앙·안재홍이었는데, 김일성은 "북에 있는 백 사람 천 사람의 말보다 남측 요인 한 사람의 말이 남쪽에 미치는 영향이 더욱 효과적일 것이다. 그들의 소속 정당, 당파와 과거 면목이나 활동 내역은 다르기 때문에 그들의 목소리는 남에 있는 여러 계급에 지대한 영향을 줄 수 있을 것이다"라면서 북한 관계자들에게 지원을 지시했다고 한다(이태호, 1991: 361).

프락치사건 연루 의원들이 북녘에서 어떤 삶을 살았는지 알기는 쉽지 않다. 그런데 뒤에서 살피겠지만 그레고리 헨더슨이 1981년 9월 평양에서 최태규 의원에게서 들은 이야기는 '프락치' 의원들의 북녘 삶에 관한 적지 않은 단서가 된다. 또한 남녘의 한 월간지가 2004년 4월 방북해 평양시 룡흥1동에 있는 '재북인사 묘역'을 취재한 기사에서 우리는 '프락치' 의원들의 북녘 삶의 한 면모를 추리할 수 있다.

우선 월간지 ≪민족21≫ 2004년 5월 호에 실린 재북인사 묘역 취재 기사를 보자. ≪민족21≫ 취재진은 협의회 서기국 부국장 리용철의 안내로 '재북인사 묘역'을 취재했다고 한다. 그때 협의회는 취재기자를 안내하는 역할을 맡고 있었으므로 그때까지도 조직이 유지되고 있었다는 것을 짐작할 수 있다. 이 기사 중에서 '프락치' 의원 12명 중 그때까지 생존해 있던, 당시 85세의 '최태규 옹'이 묘역에 세워진 안재홍의 비석을 가리키며 말한 대목이다.

> 나는 아주 일찍이 선전국 부위원장을 했습니다. 그렇게 통일사업에 한생을 바쳤습니다. 그러다가 장군님께서 나를 통일사업을 많이 한 통일공신이라고 '조국통일상'을 수여해 주셨습니다(≪민족21≫, 2004.5: 15).

최태규 이외에 '조국통일상'을 수상한 '프락치' 의원은 강욱중, 이구수, 김옥주, 박윤원, 황윤호, 김병회, 이문원, 배중혁 8명이었다. 이들의 묘비에 적힌 내용을 살펴보면 최태규를 포함해 모두 9명이 조국통일상을 받은 것으로 되어 있다. 그들이 이 상을 받았던 것은 협의회 활동이 기준이 되었으리라 짐작할 수 있다. 그들은 당 조직이나 협동조합 간부로 임명된 것으로 보아 비교적 풍족한 생활을 영위했을 것이다.

또 한 가지 말해둘 것은 그들이 '조국통일상'을 받았다 해서 모두 최태규처럼 김일성 우상숭배자가 되었다고 속단하지는 말아야 한다는 것이다. 당시 북행한 '프락치' 의원 12명 중 최태규를 뺀 11명이 타계해 말없이 이 묘역에 묻혀 있을 뿐이다.

≪민족21≫의 취재 기사에서 눈길을 끄는 부분은 85세의 '최태규 옹'이 묘역에 세워진 안재홍의 비석을 가리키며 말한 대목이다.

안재홍 선생 잘 아시지요? 민정장관, 안재홍 선생은 성품도 온순하고 전형적인 조선의 학자죠. 또 조선의 고고학자고, 역사학자로는 유명한 선생 아닙니까. 그런데 이 선생님이, 그때 대전이 해방되지 않았습니까(인민군 대전 점령을 의미). 그 대전에서 미국 군대들이 몽땅 포로가 돼서 우리한테 왔단 말입니다.

그 뒤에 나오는 이야기는 한 편의 코미디처럼 전개된다.

그 뒤에 유난히 뚱뚱한 놈이 하나 있는데 그놈이 병사복을 입었단 말입니다. 그래서 우리 전사들이 이거 아무래도 이놈이 띤(미 24사단장 딘 소장을 지칭)이 아닌가 의심이 들었단 말입니다. 의복을 입었는데 이상하다 해서 '네가 띤 아니냐' 하니까 자기는 절대로 띤이 아니라는 겁니다.

그 뒤 이야기는 안재홍을 다시 들먹인다.

그래서 누가 고증에 나갔는가 하면 안재홍 선생이 나갔습니다.…… '띤 이놈, 날 쳐다보라. 내가 누군가. 미군정 시절 내가 민정장관하던 안재홍이다. 그래도 네가 띤이 아니냐 이놈!' 그러니까 띤이 쳐다봤단 말입니다. 그러니까 안재홍이야. 그 즉시 '제가 떤입니다' 그러면서 살살 빌었죠. 미국 애들은 그저 자기만 살면 되는 거 같아요. 안재홍 선생보고 그저 날 살려만 달라니까 안재홍 선생이 더러운 놈이라고 하면서 미국놈들이 저렇게 비겁하고 졸렬한 놈인 줄 알았다면 내가 민정장관을 안 했을 것이다라는 말을 했습니다(≪민족21≫, 2004년 5월 호).

이 이야기는 다시 반복하지만 한 편의 코미디처럼 들린다. 앞에서 강원용 목사는 안재홍을 '행동하는 지식인'으로 소묘하면서 "그 속에서 숱한 오해와 모략중상으로 상처투성이가 된 민세의 얼굴은 행동하는 지식인의 비극적인 초상화였다"라고 했는데, 최태규의 말에 의하면 그는 죽어서도 사자의 인격을 폄훼하는 모욕을 받고 있는 셈이 된다. 게다가 비극적인 것은 한때 이승만 정권에 맞서 포효하던 젊은 '프락치' 의원 최태규가 어느덧 북한 정권이 부리는 반미 선전의 도구가 되었다는 점이다.

다시 처음 제기한 질문으로 돌아가서, 북행길을 떠난 '프락치' 의원들은 어떤 삶을 살았을까? 물론 '장군님' 우상 신화를 신봉한 최태규 의원은 평안하고 안락한 삶을 살았을 것이다. 그 밖의 프락치 의원들은 어떠했을까?

김옥주 의원의 경우 "평양 근방 어느 농장의 관리인으로서 부상(副相) 대접을 받고" 있으며, "생활은 안정되어 있다"라고 한다. 이는 김진원과 사촌형제 간인 김진규(金秦圭)가 1968년 KAL기 납북으로 북한에

표착한 뒤 당숙 김옥주 의원에게서 들은 이야기라고 한다(김진휴, 2012: 722).

그러나 한편 그들이 북녘에서 만난 정치 환경은 남녘 이승만 정권의 반공 신화가 옥죄는 세상과는 아주 딴판인 세상, 즉 북녘의 '장군님' 우상 신화가 절대화한 사회였다. 그들의 북녘 삶은 과연 어떠했을까? 필자는 평안하지는 못했을 것이라고 추리한다. 예컨대 노일환 의원은 프락치사건 선고공판정에서 "나는 사상적으로도 민족주의자이며 정치적으로도 민주주의자며 인간적으로 자유주의자다"라고 최후 진술했고, 신성균 의원은 공판정에서 "소수의 반대의견을 억누르는 것은 전체주의 독재다. 소수자가 그들의 자유로운 반대의견을 제약 없이 표현할 수 있어야 참다운 민주주의다"라고 말했다. 그런 정치사상의 신봉자들이 북녘의 '장군님' 우상 신화가 절대화한 사회에서 영혼이 자유로이 숨 쉴 수 있는 삶의 공간을 얻을 수 있었을까?

필자는 앞에서 최태규 의원의 경우 "장군님 우상 신화를 신봉"했다고 말했다. 이 말은 실은 그레고리 헨더슨이 평양에서 극적으로 만난 최태규를 묘사한 인물평이다. 헨더슨은 1981년 가을 오랫동안 노력한 끝에 한반도 북녘 방문길에 오른다. 마이아 여사와 동반한 이 북한 여행은 1981년 9월 8일부터 22일까지 꼭 2주간이다. 그는 장문의 북한 여행기 『북한을 생각하다: 어떤 조우에 관한 묵상(The North Considered: Ruminations on an Encounter)』을 남겼다. 책의 내용 중 헨더슨 부부가 북한을 떠나기 직전에 최태규를 극적으로 만난 이야기가 주의를 끈다.

### 북녘의 최태규 이야기

최태규는 프락치사건으로 체포될 당시 30대 초반의 소장파 국회의원으로, 강원도 정선 출신이며 헨더슨과 친교를 맺은 사이다. 헨더슨은 북한 방문 중 최태규를 만난 경위를 이렇게 말하고 있다.

> 1949년 나는 새 국회와의 대사관 연락관 임무를 수행하면서 많은 국회의원 가운데 이 대통령과 경찰에 대해 비판적인 의원들과 친하게 되었는데, 이들은 뒤에 국회 안에 파괴적인 '세포'를 구성했다는 혐의로 기소당했다.…… 나는 그들 중 가장 젊은 의원과 특별히 친했는데, 그가 강원도 정선 출신의 최태규이다. 그는 사실 죄를 씌울 만한 증거가 전혀 없는 사람이었다. 그가 나와 비슷한 연배였기에 32년 뒤 그가 살아 있을 가능성이 많았다. 나는 그를 만나게 해달라고 요청했다. 내가 구두로 거듭 요청했지만 그를 만날 수 있는 가능성은 낮아 보였다. 그러나 우리가 떠나기 전날 안내원이 최태규 씨를 호텔로 데려왔다. 우리는 뜨겁게 인사를 나누고는 약 1시간 반 동안 이야기를 나누었다(Henderson, 1981: 34).

헨더슨은 그때 최태규에게 몇몇 프락치사건 연루자와 김규식, 안재홍 등 남한의 중도파 지도자들에 관한 소식을 듣는다. 먼저 프락치사건에 연루된 국회의원들은 유엔군의 인천상륙작전 뒤 황황히 북한에 끌려왔다. 북한군이 패퇴할 때 집에 돌아갈 겨를도 없이 북한에 오게 되어 가족과 생이별을 당했다는 것이다. 그들이 폭격을 겪으면서 평양에 당도한 것이 1950년 9월 20일이었다. 그 이틀 뒤에 안재홍(미군정 기간 민정장관이며 정치적인 온건파)·김규식(임시정부 외교부장이며 남조선과도입법의원 의장)·조헌영 의원(북한 함양 출신이며 한민당의 보수파)이 당도했다.

다음은 최태규가 전하는 프락치사건 관련자와 몇몇 국회의원에 관한 소식이다. 이들은 한 그룹이 되어 협의회와 관련을 맺고 있었다. 최태규 자신은 상임위원으로 전임직을 맡았다고 한다. 김약수는 1965년 평양에서 숨을 거뒀고, 노일환, 강욱중, 이문원은 몇 해 전 죽었다고 했다. 그러나 권태희, 김병회, 박윤원, 배중혁은 평양에서 아직 생존해 있었다. 70세가 넘은 조헌영은 협의회 최고위원으로 아직 활약하고 있었는데, 그는 보수적 의식을 극복했다고 전한다.

헨더슨이 최태규에게 들은 소식은 그때까지 풍설로만 들려왔던, 프락치사건 연루자들에 관한 믿을 만한 정보였다. 풍설로는 그들이 아오지 탄광에 수용되었다든가 숙청되었다 같은 이야기들이 떠돌았다. 예컨대 한 다큐멘터리(동아일보사, 1975: 제2권)에 의하면 배중혁과 강욱중은 협의회 상무위원으로 있다가 1958년 숙청되었으며(동아일보사, 1975: 150), 김약수의 경우 "평화통일협의회 집행위원을 지내다가 1959년 2월 반동분자로 숙청되어 강제노역에 종사하고 있다"라고 전하고 있다(동아일보사, 1975: 151). 그러나 최태규에 의하면 이문원·노일환·강욱중은 1970년대 중반까지는 생존해 있었으며, 배중혁·김병회·박윤원은 헨더슨의 북한 여행 당시까지(1981년 9월) 생존해 있었다. 헨더슨의 기록은 이들이 모두 재혼해 평양에서 잘살고 있었다고 전한다. 김약수의 경우 1965년 노환으로 별세했다.

## 김일성 예찬론

헨더슨이 전하는 프락치사건 이야기 중 특히 인상적인 부분은 최태규의 김일성 예찬론이다. "당신은 지주 집안 출신의 부르주아 배경을 갖고 있는데 지금 공산주의자로 생각하는가?"라고 헨더슨이 묻자 최태규는 "공산주의에는 관심이 없다"면서 자신은 "위대한 수령의 굳은 숭배자(a convinced follower of the GL[great leader])"라고 밝혔다. 그는 "남한 사람들은 모두 그들의 과거 행위와 사고방식을 깨끗하게 없애주려는 수령님의 은덕, 그들을 받아들이려는 그의 배려와 전쟁 중 최악의 시절에도 따뜻한 옷과 음식을 보내주는 그의 사려 깊은 친절성에 크게 감동을 받았다"라고 말했다.

그는 또한 김일성이 역경 속에서 전해주는 선물을 받고 그의 위대함, 리더십과 사상을 믿게 되었다면서 "우리들이 그에게 끌린 것은 그의 인격이며 주체사상인데, 그것은 이승만 정권 아래서는 전혀 발견할 수 없는 것"이라고 말했다.

최태규 자신은 두 아들과 딸 하나를 두었는데, 첫째 아들은 김일성대학을 졸업해 당시 조선중앙방송위원회 기자로 일하고 있었고, 둘째 아들은 '국가기획위원회(State Planning Commission)'에서 근무하고 있었는데, 그해에 '위대한 수령'으로부터 연하장을 받는 은혜를 입었다고 했다. 헨더슨은 최태규와 나눈 대화에 관해 다음과 같이 감상을 전한다.

> 최태규와의 만남은 우리 여행 중 가장 깊이 있는 체험이었다. 왜냐하면 여기에 한 정치인, 곧 내가 알기로 남한의 신념, 분위기, 생활에서 위상을 정착시켰던 한 정치인이 정직하고 소신에 찬 어조로 말했으며, 그 세계에 더 깊이 뿌리를 내린 다른 사람에 관해서도 말했기 때문이다. 그의 말은 나의 마음을 흔들었다. 그가 **김일성 우상숭배**의 길을 따른 과정을 이해하기란 상상도 믿음도 불가능하지만, 상상적으로 이해할 수 있는 문이 열리는 것 같다. 그러나 그런 현상은 한 미국인에게는 놀라운 것이고 당황스러운 것이다(Henderson, 1981: 36, 강조는 필자).

헨더슨은 여행기에서 '김일성 우상숭배(the Kim cult)'와 주체사상을 하나의 종교적 신앙이라고 표현하면서 그 행태와 형성 과정을 추적한다. 그는 "나는 가끔 역설적으로 '우리가 숨 쉬는 공기는 축복받은 처녀와 비유된다'는 제러드 홉킨스(Gerard Hopkins)의 시를 생각했다"면서 헨더슨은 김일성 우상숭배에 놀라움을 표하며 그의 시구를 읊는다. "그는 우리가 숨 쉬는 공기다. 우리는 그의 신민이다. 우리는 그의 미소 속에서 사과를 재배한다. 모든 것은 그 역사적 원천이 그의 영감에서 나온다.…… 독립이나 혁명을 위해 싸운 사람은 아무도 없다. 오직 그뿐이다."

헨더슨은 이와 같은 김일성 우상숭배가 1950년대 전쟁 막바지 26개월간 엄청난 미군 폭격 과정에서 김일성이 위기를 기회로 삼아 인민에게 신뢰를 주는 행동을 보이고, 이를 선전술로 포장한 것이 계기가 되지 않았을까 추측한다. 그는 이어 1953년 전쟁이 끝난 뒤 김일성 체제가 박헌영과 같은 잠재적 경쟁의 원천을 도려내고 유일체제를 확립하는 수단으로 주체사상과 김일성 우상숭배를 성공적으로 종교화했다고 말한다.

헨더슨은 『소용돌이의 한국정치』에 정형화한 모델 '소용돌이의 정치' 틀로 '김일성 우상숭배' 체제를 설명하고 있다. 그는 "김일성 우상숭배와 그 종교는 아마도 정치이론가에게는 아시아의 정치 현상 중 가장 극단적이며 가장 흥미로운 것"이라며 이렇게 계속한다.

> 김일성 우상숭배는 고립된 환경에서 사회화와 선전의 힘을 일깨워주는 강력한 각성제이다. 그러나 그것은 그 이상이다. 이 극단적인 현상이 가장 권위주의적인 전통을 이어받은 동북아 국가인 조선 땅에 발생한 것은 남북한의 현대적 리더십이 역사의 함수라기보다는 조직의 함수라는 명제를 확인해 주는 듯하다. 다시 말하면 과도한 중앙집권화의 국가권력에 맞서는 대응기구가 취약한 데서 나온 현상일 것이다. 나는 이곳에 올 때까지 [공산주의]노동당이 회오리 유형을 걸러내고 부분적으로나마 통제할 수 있는 기구로서 힘을 가졌다고 생각했으나 그것은 전적으로 환상이었다. 실상 김일성은 회오리 유형을 신격화한 그 자체이며 당은 허풍 떠는 그의 그림자에 불과하다. 그러나 그의 통제가 그렇게 완벽하기에 조선민주주의 인민공화국은 촌락으로부터 수도를 포함한 도시에 이르는 회오리의 흐름

을 억제할 수 있는 전 세계의 유일한 나라가 되었다(Henderson, 1981: 42).

그런데 문제는 그가 만난 최태규 같은 중간파 정치인, 한때 이승만 정권에 대항해 포효했던 소장파 정치인이 김일성 우상숭배를 믿는 광신자처럼 변했다는 것이다. 헨더슨은 최태규가 믿는 종교의 세계 저편에 남북한 재판에서 사형선고를 받고 처형당한 조봉암과 박헌영의 그림자를 본 것은 아닐까? 또 그들 뒤에 서 있는 김규식, 안재홍, 조소앙의 실루엣을 보지 않았을까? 그는 조용히 개탄하지 않았을까? 아아, 이 소장파 국회의원들은 북한에서도 역사적 무명인간이 되었구나!(김정기, 2008b: 374~379 참조).

### 요약과 소결

'남로당 프락치'로 누명을 쓴 국회 소장파 국회의원들은 1950년 9·28 서울 수복 직전 어떤 이유에서건 북행길을 떠났다. 그들은 이승만 정권 아래에서는 결코 살아남을 수 없다는 위기의식과 더불어 그들이 당한 가혹한 고문에 극도의 공포감과 혐오감을 품고서 떠나지 않을 수 없었다.

북행길을 떠난 프락치 의원들은 북녘에서 어떤 삶을 살았을까? 최태규 의원의 경우 김일성 우상 신화를 신봉하면서 안락한 삶을 영위한 것으로 짐작할 수 있다. 그 밖의 다른 의원들의 삶에 대해 알 수 있는 정보는 거의 없다. 그런데 2004년 ≪민족21≫이 취재한 바에 의하면, 재북인사 묘역에 묻힌 인사들 중 적지 않은 '프락치' 의원들이 '조국통일상'을 받은 것으로 나와 있다. 그렇다면 그들 역시 풍족한 삶을 누린 것으로 짐작할 수 있다.

그러나 그것이 다는 아닐 것이다. 자유주의나 민주주의를 신봉한 프락치 의원들로서는 남녘의 반공 신화가 옥죄는 세상과는 전혀 다른, 김일성 우상 신화가 절대화한 세상을 만난다. 여기서도 그들이 자유인으로서 숨 쉴 수 있는 삶은 녹록지 않았을 것이다. 게다가 신성균 의원은 '조국통일상'의 수상자가 아니다. 그의 아들 신현국이 우려한 대로 그는 '소신대로 산 죄'로 집단농장에 수용된 것은 아닐까?

필자는 결국 납북당한 이들이나 월북을 감행한 이들이나 몇 가지 공통점이 있음을 발견했다. 첫째, 이들은 결코 북한 체제를 선호해서 북행한 것이 아니라는 점이다. 그들은 이승만 정권의 반인륜적 독재에 대한 두려움이나 혐오에서 어쩔 수 없이 북행을 선택할 수밖에 없었다. 그 결과 납북이든 월북이든 그 후손은 빨갱이로 낙인이 찍혀 육체와 함께 영혼을 학대받는, 국가폭력의 한복판에 서게 되었다. 이제 그 만행에 눈을 돌려보자.

제5장

# '프락치' 국회의원 후손들에 대한 영혼 학대

'남로당 프락치'로 누명을 쓴 국회의원들이 북행을 떠난 결과 후손들은 반공 신화가 지배하는 국가에서 국가폭력의 한복판에 서게 되었다. 그들은 신체적 고통을 넘어 영혼의 학대를 받았다고 필자는 생각한다. 이제 그들이 받은 신체적 박해를 먼저 짚어보자.

후손들이 겪은 신체적 박해는 노일환 의원의 조카 노시선이 남긴 유고, 김옥주 의원의 조카 김진휴가 쓴 자전적 서사 『산하, 은혜의 삶』, 신성균 의원의 아들 신현국이 쓴 책 『아버지를 위한 변론』에 잘 드러나고 있다. 그것은 이승만 정권의 경찰국가가 저지른 만행에 다름 아니었다는 것을 그대로 보여준다.

## 1. 만석꾼 맏아들의 부러진 다리

노일환 의원은 전라북도 순창의 만석꾼 집안 출신이다. 그런 집안 출신이니 1948년 5월 총선에서 그가 당선된 것은 집안의 기반이 도움이 되었을 것이다. 노일환 의원은 1950년 2월 13일 국회프락치사건 언도 공판에서 "나는 사상적으로도 민족주의자며 정치적으로도 민주주의자며 인간적으로는 자유주의자다"라고 최후 진술을 했다.

문제는 만석꾼 집안 출신인 데다 '자유주의', '민주주의', '민족주의'를 정치 신념으로 가진 국회의원 노일환이 북행을 했다는 점이다. 그 결과 다른 북행 의원의 경우와 같이 그 후손들도 빨갱이로 낙인찍혀 형언할 수 없는 신체적 박해와 영혼의 학대를 받았다. 노일환의 조카 노시선이 남긴 글은 경찰이 저지른 만행을 그대로 보여준다.

노시선은 자신의 아버지 노국환(盧國煥)이 받은 신체적 박해를 담담하게 그린다. 노일환 의원이 북행한 뒤 노국환은 노일환의 가족을 먼저 전주로 피난시켰는데, 전주에 도착한 지 이틀 후엔가 동사무소에서 호구조사를 나왔다고 한다. 노국환은 방 안에 있었는데 동사무소 직원이 방문을 열어 그를 조사하고 갔다는 것이다. 이를 시초로 경찰의 만행은 시작된다.

> 이튿날 경찰들이 한낮에 들이닥쳤습니다. 그리고는 선친을 연행해 갔습니다. 몽둥이 등으로 고문이 시작되었습니다. 백부님과 같이 전주

에 내려왔을 텐데 백부님이 숨은 곳이 어디냐는 것이었습니다. 일제시대 때 일본 경찰 아래 있는 사람들로부터 고문을 받았는데, 광복 후에는 내 나라 경찰들에게 고문을 당하셨던 것입니다. 사흘 동안 고문 후에 선친께서는 방면되었습니다. 선친께서는 얼마나 고문이 심했던지 끙끙 앓으시면서 옆구리가 결리고 온몸이 아프다고 하셨습니다. 큰 당숙이 한약을 지어 오셔서 어머니는 그 탕제를 끓여 선친께 드렸습니다(노시선 유고).

경찰의 만행은 노국환에서 멈추지 않고 노시선의 큰 당숙에게도 미쳤다. 노시선은 "사흘 정도 지나자 또 한낮에 경찰이 들이닥쳐" 큰 당숙을 마구 때렸다고 했다. 큰 당숙이란 노일환의 사촌 형인데, 당시 경찰은 '빨갱이 집안 놈들 그놈이 그놈이잖나'식의 연좌 의식이 그만큼 강했다. 당시 큰 당숙은 40세였는데 "만석꾼의 큰아들로 한민당 전북도당 부위원장"이었다고 한다. 그런데 "순창 쌍치의 만석꾼의 큰아들이 경찰 고문으로 다리가 부러졌다는 소문이 곧 전주 시내에 온통 퍼졌다". 그 경위를 노시선은 이렇게 적고 있다.

어머니와 큰 당숙이 경찰과 함께 경찰서 대기실에 도착했는데, 선친과 백모는 보이지 않았습니다. 경찰은 큰 당숙을 먼저 어느 한 곳으로 데려갔습니다. 얼마 지나지 않아 비명 소리가 들려 왔습니다. 큰 당숙의 비명 소리였습니다. 백부님이 숨어 있는 곳을 불라는 것이겠지요. 고통으로 참을 수 없는 비명 소리가 들리더니 그 소리가 멎었습니다.

조금 지나서 한 경관이 등에 업고 왔습니다. 등에 업힌 사람의 다리가 피투성이가 되어 있었습니다. 큰 당숙이었습니다. 다리가 부러진 듯했습니다. 선혈이 낭자한 다리가 경관 등에서 덜렁덜렁 했습니다. 사시나무 떨듯 떨리는 몸으로 어머니는 그 경관의 뒤를 따라갔습니다.

그 경관이 대기실에서 문을 열고 들어간 곳은 창고같이 생긴 곳이었습니다. 유치장이 만원이었으므로 창고에 가마니를 깔고 임시 유치장으로 사용하고 있었습니다.…… 경관은 큰 당숙을 대소변 보는 곳의 바로 옆에 놓고 갔습니다. 큰 당숙은 다리가 무릎 위쪽에서 부러져 있었습니다. 극도의 고통으로 계속 나오는 신음 소리를 참고 있었습니다. 대소변 보는 곳에는 고자리[구더기]가 드글드글 했는데 주위로 탈출하듯이 기어 나오고 있었습니다. 경찰은 응급도, 치료도 아무런 조치도 않았습니다(노시선 유고).

그 뒤 큰 당숙은 구더기가 옮겨 붙은 다리를 결국 성심병원에서 절단하는 수술을 받아야 했다. 인간에 대한 육체적 박해, 특히 고문은 그것으로 끝나지 않고 사람을 넋 나간 인간, 즉 좀비 인간으로 만들고 만다. 그리하여 그 육체적 박해는 영혼의 학대에 이르고야 만다.

## 2. 가족과 후손에 대한 학대

김옥주 의원의 셋째 아들 김진원은 국회프락치사건이 일어날 당시 두 살배기 갓난아이였다. 김옥주 의원의 가족사는 김진휴의 『산하, 은혜의 삶』 8장 「가족 이야기」에 자세히 나온다. 김옥주 의원의 부친은 전남 광양에서 95세까지 장수한 이로, 자수성가하여 엄청난 부를 모은 토박이였다. 그는 아내 3명을 거느리고 자손복도 있어 10여 명의 아들딸을 두었는데, 도쿄에 집을 마련해 아들 다섯을 일본의 주오(中央)대학, 와세다(早稻田)대학에 집단 유학시켰다. 그중 김옥주는 와세다 법문학과에 유학해 거기서 뒤에 악연을 맺게 되는 오제도와 동창이 된다.

김진원의 경우 신체적 박해는 받지 않았다. 그의 사촌 형 김진휴가 군 출신 보수 정치인들과 깊은 우의를 맺고 있었기 때문이었는지도 모른다. 김진휴는 박정희 정권 때 정일권 국무총리의 비서실장(차관급)을 지냈던 인물이다.

그러나 공안기관의 눈 흘김은 여전했다. 김진원은 아버지 얼굴도 모르고 컸지만 또 다른 형태의 영혼 학대를 받는다. 그는 집안의 권고로 인문학 대신 공학도의 길을 택했다. 서울대학교 공과대학 대학원까지 나온 그는 미국 아이비리그의 명문 하버드대학 건축학과의 입학 허가를 받았으나, 신원 조회에 걸려 꿈을 접어야 했다.

김옥주 의원의 와세다대학 동창 오제도의 재학 시절 모습(1939년 와세다대학 법문학과 졸업생 앨범 'Waseda Life'에서, 김진원 제공)

와세다대학 재학 시절 김옥주 의원의 모습

## 이중첩자의 덫

다시 말하면 그는 육체적 박해는 받지 않았지만 연좌제의 족쇄에 얽혀 꿈꾸던 해외 유학도 접고, 건설 현장에서 일하면서도 해외 진출도 할 수 없었다. '빨갱이' 후손으로 신원 조회에 번번이 걸린 것이다.

1978년 2월 어느 날의 일이었다. 당시 치안부 대공 요원들이 낙원동 한 안가로 김진원을 소환했다. 당시 그는 건축학 공부를 계속하려는 꿈을 접고 건축기사로 '삼환기업'에 취업해 있었으나 역시 연좌제에 걸려 해외로 나갈 수가 없었다. 당시 치안부 대공 요원과 김진원이 나눈 대화를 구어체로 재구성해 보았다.

요원: 당신, 왜 그리 해외에 나가려 하는가?

김: 사우디에 가야 돈 벌 수 있거든요.

요원: 그래, 나가는 길이 있긴 한데…….

김: 어떻게 해야 되나요?

요원: 사우디 근처 예멘으로 가면 되는데…….

김: 예멘으로요?

그때 요원은 설명한다. 예멘 주재 북한 대사관에 접촉할 것을 조건으로 내건 것이다. 간단히 말하면 이중 첩자 노릇을 하라는 것이었다. 그러나 김진원은 순간 정신이 번쩍 들었다. 그리고 침착했다. 자신은 공학도의 정직성 때문에 곧 발각될 것이라는 임기응변으로 위기에서 탈출한다. 그는 안가를 나오면서 잊지 않고 "저는 앞으로도 해외 진출을 계속 신청할 것입니다"라고 말했다. 그는 그렇게 해외 진출 허가를 받아낸다.

이 치안부 대공 요원들의 행각을 어떻게 보아야 할까. 이승만 정권은 김옥주를 비롯한 소장파 의원에게 '남로당 프락치'의 덫을 씌웠다. 이제 이 정권의 경찰 주구들은 그 아들에게 이중 첩자의 덫을 씌우려 한다. 그것이 반인륜적 행위임은 말할 나위도 없으며, 인간의 본성에 대해 의문을 던지게까지 한다. 필자는 여기서 독일의 정치철학자 한나 아렌트(Hannah Arendt)가 일찍이 나치 범죄 재판정에 선 유태인 학살자 아돌프 아이히만(Adolf Eichmann)의 행태에서 관찰한 '악의 평범성(banality of evil)'

이 떠오른다.

## 매질과 고문

김진원의 사촌 형 김진휴가 남긴 글 역시 김옥주 의원 후손에게 가해진 육체적 학대를 그리고 있다.

숙부(김옥주) 사건은 우리 가문에 많은 후유증을 남겼다. 군, 검, 경 합동조사가 시작되면서 제일 먼저 화가 다가온 것은 시골 우리 고을에 우체국장(일제 때 우리 아버님이 국장을 하셨던 그 우체국)을 하고 있던 종손(宗孫) 진석(秦汐) 형님이었다.

불문곡직하고 광양경찰서에 연행된 형님은 그날 저녁부터 매질과 전기고문을 당했는데, 그들이 요구하는 것은 "서울 국회의원 숙부에게서 반정부(反政府) 지방조직(地方組織)을 구성하라는 지령을 받았다고 자백하라"는 것이었다. 청천벽력이었다. 진석 형님은 정치와는 아주 무관한 분이고, 야구와 음악 외에는 전혀 관심이 없는 좀 특이한, 조용히 있기를 원하는 분이었다. 억지 조사였는데 그때 경찰들은 증거도 없이 빨갱이라고 하면 무조건 때려잡고 보는 저질 경찰의 극치였다. 아니면 그만이고, 어디 가서 호소할 수도 없는 불쌍한 군상들이 그때의 우리 대중이었다.…… 종손인 종형은 6·25가 우리 고향을 휩쓸자 전일에 경찰에 당했던 무서움으로 재빨리 피신했다. 200리 길을 산을 넘고 물을 건너 담양군 지실 정(鄭)씨(송강 정철의 후예) 집성촌에 있던 처가에 들어가 사변 동안 무사히 지내고 귀가했던 일이 있었다(김진휴, 2012: 720).

### 신성균 의원 아내의 체험담

신성균 의원의 경우 후손은 아니지만, 그 아내가 고초를 겪는다. 그 아들 신현국은 『아버지를 위한 변론』에서 어머니가 9·28 서울 수복 뒤 겪은 경찰에 의한 박해를 상세히 그리고 있다.

9월 29일에는 중앙청 광장에서 환도식이 열렸습니다. 지난 3개월간 공산 치하에서 고생했던 서울시민들은 태극기를 흔들며 돌아온 대한민국 정부를 반겼습니다. 그러나 전쟁이 터지자 맨 먼저 한강을 건너 도망갔다 돌아온 이승만 정부는 곧바로 본색을 드러내어 한강을 건너지 못해 서울에 남았던 사람들을 빨갱이, 불순분자, 부역자라는 눈초리로 다그치기 시작했습니다. 정부가 돌아온 이후 서울은 더없이 살벌한 무법천지가 되었습니다. 서울에 남았던 시민들은 먹고사는 문제보다 우선 자기가 빨갱이가 아니며 북한군 치하에 어떠한 부역도 하지 않았음을 어떻게든 입증하는 일에 골몰해야 했습니다(신현국, 2018: 115).

신성균의 아내는 서울에 의지할 곳이 없어 효자동에 있던 신 의원의 사돈댁에 의탁해 살고 있었다. 신현국의 어머니는 효자동으로 거처를 옮기고 며칠 후 경찰이 들이닥쳤다며 당시 상황을 이렇게 이야기한다.

제가 효자동의 사돈할머니 댁으로 거처를 옮긴 며칠 후에 순경 두 사람이 들이닥쳤습니다. 경찰은 중국 팔로군의 간부였던 사돈할머니의 아들이 인민군의 장교가 되어 서울 점령 때 내려왔었다는 소문을 듣고서 그를 잡으러 온 것이었습니다. 할머니는 아들이 집에 온 적이 없다고 부인했습니다.…… 형식적으로 집안을 뒤지다가 아무런 흔적도 찾지 못한 순경들은 문간방에 있던 저희가 눈에 띄자 신원을 집요하게 캐묻더니 당신(신성균)의 가족이라는 걸 알고서는 다짜고짜 파출소로 동행을 요구했습니다.…… 순경들은 사돈댁 아들은 잡지 못했으나 다른 소득이라도 있어 다행이라는 듯 마당에 버티고 서서 재촉이 심했습니다. 저는 딸아이를 보듬고 아기는 업고 기저귀와 옷가지들을 싼 보따리는 남은 한 손으로 챙겨 들고서 순경들을 따라나섰습니다. 자세한 내막을 알 리 없었겠지만 수상한 분위기를 눈치 챈 큰아들이 한사코 저에게 매달렸습니다.…… 저는 순간적으로 약해지는 마음을 독하게 다잡고 큰아들을 할머니께 억지로 떼어놓고서 순경을 따라나섰습니다. 큰아들의 울음소리가 골목길을 벗어날 때까지 저를 따라왔습니다(신현국, 2018: 118~119).

그 뒤 그녀는 효자동 동사무소로 갔다가, 이어 종로경찰서 수용소(강당)에 갇혀 단지 북행한 '빨갱이' 신성균의 아내라는 이유만으로 생지옥 같은 세상을 체험했다. 그녀는 이승만 정권이 저지르는 만행을 생생히 목격했던 것이다.

> 강당 안에는 편히 발 뻗을 공간도 없을 만큼 사람이 많았습니다. 붙들려 온 사람들은 밤이건 낮이건 시도 때도 없이 불려나가 조사를 받았습니다. 어떤 사람들은 걸어서 나갔다가 부축을 받거나 업혀서 돌아오고 어떤 사람들은 아예 돌아오지 못했습니다. 고문과 허기 때문에 기진한 사람들은 잠을 자는 중에도 죽었습니다. 사람이 죽어 나간 공간을 새로 붙잡혀 온 사람이 채웠습니다. 사람들은 서로 눈길을 마주치는 것조차 피했고, 누구도 먼저 선뜻 말을 건네지 않았습니다. 공포에 짓눌리기도 하였지만, 서로를 믿지 못하는 듯 보였습니다.…… 새벽에 빨래를 하기 위해 강당의 밖으로 나서면 새벽 냉기가 몸을 휘감았습니다. 그러나 그 냉기보다도 저를 더 오싹하게 만드는 광경은 강당의 외벽을 따라 나란히 눕혀진 시신들이었습니다.…… 밤에 조사를 받다 맞아 죽거나 고문의 후유증으로 앓다 죽거나 굶주려 죽은 사람들이었습니다. 맨땅바닥에 머리를 가지런히 하고 누운 시신들은 작은 거적을 마치 한 가족처럼 나누어 덮고 있었습니다(신현국, 2018: 121~122).

### 김병회 의원 자녀들의 고난

우리는 노일환·김옥주·신성균 의원이 북행한 뒤 그 후손과 가족이 겪은 육체적 박해를 되돌아보았다. 그것은 육체의 고통을 넘어 영혼의 학대였다. 앞에서 김병회 의원 후손과의 만남을 잠깐 언급했지만, 그들 역시 다른 이들에 못지않게 고초를 겪었다. 김병회는 3남 1녀를 두었는데, 아들들은 주홍글씨의 낙인으로 취업을 할 수 없었다. 장남 명엽은 고시 공부 끝에 1차에 합격했으나 신원 조회에 걸려 물거품이 되고 말았다. "오빠가 자살을 하려 했어요." 김병회 의원의 딸 김영자는 담담히 회고했다.

그러나 그는 모진 목숨을 끊지 못하고 진도로 귀향했다. 그곳에는 경찰의 고문이 기다리고 있었다. 경찰이 고문으로 문초하면 말 대신 글로써 답변했다고 한다. 서예에 남다른 재능을 지녔던 까닭이었다. 그 뒤 "엄마가 경찰서 어딘가 그 글씨가 남아 있을 텐데" 찾아달라 했다고 김영자는 전한다. 그 뒤 김병회의 두 아들 명엽과 무엽은 이 재능을 살려 표구사를 차려 호구를 이어갔다 한다.

막내 충엽은 광주일고를 1등으로 졸업하는 총명함을 보여 서울대학교 법대 진학을 원했으나 '빨갱이' 집안이라는 주홍글씨의 낙인 때문에 별수 없이 서울대학교 공대 화공과에 진학했다. 마치 김옥주 의원 아들 김진원이 서울대학교 공대에 진학한 것과 같은 맥락이다. 김병회의 딸 김영자도 '빨갱이' 후손이라는 주홍글씨의 낙인 때문에 경찰의 끊임없는 사찰에 시달려야 했다. 그녀가 1970년대 서울 쌍문동에 살 때는 집 앞에 초소를 세워 사찰을 할 정도였다고 한다.

이렇듯 '프락치' 국회의원 가족과 후손들이 겪은 고초는 이승만 정권이 저지른 국가폭력의 실상을 생생히 보여준다. 이승만 정권에 대한 역사적 평가는 아직도 진행형이다. 그러나 필자는 적어도 이승만의 경찰국가는 신생 대한민국 민주주의의 생존에 결정적인 타격을 입혔다고 생각한다. 이승만 정권의 이런 행태는 정치적 반대자에 대한 관용의 결여라는, 지워질 수 없는 역사의 검은 오점으로 남아 있다.

이것을 단순한 레토릭으로 치부하기에는 이승만이 남긴 검은 기록이 너무나 생생하다. 그것을 정치적 반대 세력인 국회 소장파 국회의원을 '남로당 프락치'라는 주홍글씨를 덮어씌워 제거한 데서, 임정 주석 백범 김구 암살에서, 진보당의 지도자 죽산 조봉암 처형에서 생생하게 볼 수 있지 않은가?

### 요약과 소결

북행의 길을 떠난 '프락치' 국회의원들의 후손들은 주홍글씨의 낙인이 찍혀 참기 힘든 신체적 고문에 이어 영혼의 학대를 받았다. 이승만 반공 체제의 경찰국가가 저지른 국가폭력이었다.

이승만 정권이 꾸민 국회프락치사건은 반공을 빙자한, 정치적 반대자에 대한 무자비한 탄압이었다. 그것은 민주주의가 퇴행하는 분수령이었다. 결론은 자명하다. 정치적 반대당에 대해 관용이 없는 풍토에서는 민주주의는 살아남을 수 없다.

이런 나쁜 정치적 유산은 그 독재정권이 4·19 학생혁명으로 무너진 뒤 쿠데타로 성립한 박정희 군사정권에도 이어졌다. 그가 1973년 한여름, 정치적 반대 세력의 지도자 김대중을 백주에 도쿄에서 납치하여 수장시키려 한 것은 잘 알려진 사건이다. 결국 한국의 민주주의는 1987년 민중의 힘으로 소생될 때까지 억눌려 있어야 했다.

제6장

# 후손들이 부른 비련의 연가

후손들은 아버지, 백부, 숙부, 남편이기도 한 '프락치' 국회의원들을 향한 연가(戀歌)를 지어 학대받는 영혼을 달랬다. 신성균의 아들 신현국은 『아버지를 위한 변론』이라는 책을 씀으로써 아버지를 향한 사부가를 불렀다.

노시선은 백부 노일환의 여한을 풀려는 호소와 진정으로 끈질긴 일생의 캠페인을 벌였다. 그는 1990년, 56년 만에 연좌제가 풀렸다며 이렇게 비장한 소회를 말한다.

> 일찍 맞은 비바람은 작은 것에 감사하는 유유자적을 어느 결에 심성에 심어주어 공사판에 일용직도 은혜로 알고 열심히 살았습니다. 연좌제에서 풀린 것이 1990년 제 나이 쉰여섯 때이니 한평생 출렁이는 세파라 할 만합니다. 이제 병든 몸으로 팔십을 바라보니 정리할 일이 조급합니다.

큰아버지의 명예를 바로잡아야 찾아뵙지 않겠습니까?(노시선 유고)

'빨갱이' 후손이라는 주홍글씨가 반세기 이상 그를 괴롭혔지만, 그가 백부를 기리는 마음이 잔잔한 감동을 준다. 하지만 그는 2019년 1월 77세로 한 많은 생을 마감하고 만다. 그런데 노시선은 저세상으로 가기 전 반민특위 후손들의 모임에서 김옥주 의원의 아들 김진원에게 그의 기록을 건넨다. 이리하여 그 기록이 다시 필자에게 전해진 것이다.

노시선은 대학 후배인 김진원의 자택(서울 북부 휘경동 소재)으로 찾아와 김옥주 의원의 부인을 문병하는 자리에서 다음과 같이 말했다고 한다.

내가 『국회프락치사건의 재발견』이라는 책을 우연히 발견했네. 그때 나의 마음은 깊이 숨은 용광로가 폭발하는 기분이었네. 내가 반드시 백부님의 진실을 밝히겠네. 혼자 추진하겠으니 자네는 이 자료를 보관만 하시고 가만히 갖고 계시게(김진원 전언).

김진원은 노시선을 고리로 하여 이렇게 필자의 책과 만났다. 그는 적지 않은 감동을 받았고 이 책의 프롤로그에서 언급했듯이 파주의 한울엠플러스를 찾아가 책의 축소판 간행을 요청했던 것이다. 노시선의 기록은 여러 사람에게 단순히 감동만 준 것이 아니다. 그것은 백부를 기린 연가이기도 했고, 촘촘히 모은 증거록이었으며, 또한 후손들이 겪은 고초에 관한 이야기기도 했다. 그는 필자가 쓴 『국회프락치사건의 재발견』에서 관계 대목을 추려두는 세심함을 놓치지 않고 있다.

김진휴는 자전적 서사 『산하, 은혜의 삶』을 지어 숙부 김옥주를 기렸다. 이 책은 숙부를 향한 연가이기도 하지만, 숙부가 남로당 프락치와는 무관함을 보여주기 위해 출신 배경과 정치 성향을 상세히 다뤘다.

필자의 마음에 이 후손이 남긴 기록들이 절절히 다가왔다. 이는 '프락치' 의원들을 불멸의 영웅으로 만들려는 것이 아니라, 그들의 핏줄인 아버지, 백부, 숙부, 남편이기도 한 이들이 기억의 망각 속으로 사라져 버려서는 안 된다는, 후손들의 작은 소망에 공감한 결과였다. 그리고 그들에게 덮어씌워진 억울한 누명을 벗겨드리는 것이 후손들의 소박한 꿈이라는 사실도 다가왔다.

필자가 이들의 노력에 적극 참여하게 된 것은 후손들의 마음에 공감해서가 아니겠는가. 그중 김옥주 의원의 아들 김진원과의 만남이 결정적인 계기가 되었다. 그는 『국회프락치사건의 재발견』을 쓴 저자가 벌써 저세상 사람일 거라 짐작하고, 그 책의 '축소판'을 직접 기획했다. 그는 서울에서 파주까지 달려가 한울엠플러스에 요청하여 자신이 기획한 대로 이 책의 '축소판'을 발행하려 한 것이다.

그때가 2019년 11월이었다. 필자는 그 뒤 그를 만나 아버지의 '빨갱이' 누명을 벗겨드리기 위한 그의 필생의 투쟁에 공감하여 이 책을 쓰기로 했다. 따라서 이 책은 어떤 의미에서 후손들이 남긴 연가의 후속편인 셈이다. 왜냐하면 필자는 '프락치' 의원들의 후손들이 남긴 사부

김진원 씨(필자 맞은편), 그의 형 김진우 씨, 김웅진 의원의 딸 김옥자 씨와 면담(필자의 의뢰로 촬영, 2020년 11월 20일)

김진원 씨, 김옥자 씨와 면담(2020년 11월 20일)

가 또는 연가를 부르는 마음에 크게 공명해 그들이 부른 비련의 연가, 그리고 그들이 겪은 영혼의 학대를 이 세상에 알리려고 이 책을 쓰기로 했기 때문이다.

## 1. 신현국이 부른 사부가(思父歌)

'프락치' 국회의원 신성균의 아들 신현국은 뜻밖에도 한 신문기사를 통해 북행한 아버지의 소식을 듣는다. ≪중앙일보≫ 1991년 8월 8일 자 기사는 이렇게 적고 있다.

> 6·25 전쟁 때 월북했거나 납북됐던 제헌국회 부의장 김약수, 독립유공자이자 2대 국회의원 원세훈, 초대 심계원장 명세제, 제헌국회 내무치안상임분과위원장 신성균 등 원로정치인 4명이 50년부터 67년 사이 북한에서 사망, 평양 교외의 일반 공동묘지에 묻혀 있음이 40여 년 만에 밝혀졌다.…… 이 같은 사실은 춘원 이광수의 3남 이영근 박사(미 존스홉킨스대 교수)가 최근, 평양시 삼석구역 원산리 야산 기슭에 있는 선친의 묘소를 성묘하는 과정에서 밝혀졌다.…… 이 박사가 성묘한 후 부근에 있는 나머지 4기의 묘비를 살펴보니 김약수 등 원로정치인들의 이름과 사망연월일 등이 대리석 묘비에 적혀 있기에 북한 안내원에게 부탁하여 묘비 사진을 찍었다(≪중앙일보≫ 1991년 8월 8일 자).

'신성균.' 얼마나 그리던 이름인가! 신현국은 1950년 9월 27일 납북된 아버지가 1967년 5월 28일 북한에서 돌아가신 것을 그때 알았다. 그는 기사를 쓴 ≪중앙일보≫ 김국후 기자에게 전화를 걸어 아버지의 산소 사진을 구할 수 있는지 물었고, 김 기자는 "국회프락치사건 피고인이었다가 납북된 국회의원의 가족이 남한에 무사히 생존해 있어 매우 다행"이라며 산소와 석비 사진을 기꺼이 보내주었다. 신현국은 그가 쓴 『아버지를 위한 변론』에서 "나는 진정 감사한 마음으로 그분의 실명을 여기에 썼다"라며 "누가 되지 않기를 바란다"라고 고마움을 표했다(신현국, 2018: 151).

신현국이 국회프락치사건에 연루된 아버지의 무고함을 밝히기 위해 『아버지를 위한 변론』을 쓴 것은 산 자의 부질없는 붓놀림인지 모른다. 역사적으로도, 현실적으로도 사라져버린 사건 아닌가? 법적으로도 어떻게 해볼 도리가 없는 사건이지 않은가?

그러나 그가 본 것은 세상의 법정이었다. 사람들의 마음에 들어서 있는 법정이 오히려 더 큰 법정이지 않은가. 거기서 옳고 그름을 가름하는 것이 오히려 역사적 정의의 실현이 아닌가. 어떤 의미에서 그가 쓴 '변론'은 지상에서의 부질없는 논쟁으로 치부될 수도 있겠지만, 천상으로 승천한 이들을 위한 진실의 서사가 될 것으로 그는 믿었던 것 같다.

그는 아버지가 얽힌 국회프락치사건의 진상을 문서로 혹은 증언으로 밝히고 싶었다. 그가 쓴 『아버지를 위한 변론』은 바로 그 증언으로 그 내용도 범상치 않지만, 증언의 방법이 마음에 잔잔한 울림을 준다. 그는 아버지와 어머니가 서로 속삭이는 정담 형식으로 엄중한 현실을 이야기한다. 부부 간 스토리텔링(story-telling)은 가장 가까운 인간끼리 나누는 영혼의 대화처럼 들린다. 그는 거기에서 끝내지 않고 이를 사실적으로 서술하기 위해 책의 제2부에서 "국회프락치사건의 진실은 무엇이었나"라는 주제로 엄격한 검증을 해나간다.

이 책에서 「북행(北行)의 길, 남행(南行)의 길」은 한 부부가 전쟁 통에 남북으로 헤어지는 이야기를 담고 있다. 이것은 우리 민족의 갈라짐을 상징한다. 여기서 남편(夫)은 자신이 납북당한 경위를 말하고, 아내(婦)는 서울 수복 뒤 중공군이 가세한 1·4 후퇴 때 영등포에서 열차 화물칸에 몸을 싣고 남행한 이야기를 들려준다. 당시 소학교 5학년생이던 필자도 영등포에서 화물칸에 몸을 실었던 기억이 떠오른다. 옥천에서 하룻밤을 지내고 설사로 뒤처리를 변변히 하지 못한 채 화물칸에 올라 "저 아이에게서 '꼬랑내'가 난다"는 주위 사람들의 핀잔을 들으며 대구에 도착하기도 했다.

신성균의 아들 신현국의 사부가는 그의 부모가 전쟁이라는 엄중한 상황 속에서도 이어가는, 영혼의 속삭임이다. 그러나 그는 거기서 끝내지 않고 국회프락치사건의 진상을 파헤친다.

## 2. 노시선의 백부 연가

노일환 의원의 조카 노시선이 부른 백부를 향한 연가는 앞에서 살펴본 노일환 의원 후손들이 빨갱이로 찍혀 겪어야 했던 신체적 박해에 이은 영혼의 학대를 폭로하고 있다. 그것만이 다는 아니다. 그는 백부가 자랑스러운 제헌국회 의원이며, 남로당 프락치와는 결코 아무런 연관이 없다고 증거로 말하고 있다. 그가 제시한 증거는 많은 부분 필자가 쓴 『국회프락치사건의 재발견』 제2권에 근거한 것이지만, 새로운 것도 제시하고 있다.

노시선이 백부가 남로당 프락치와는 무관하다며 제시한 새로운 증거란 무엇인가? 그것은 경찰의 정보 '끄나풀'로 검찰이 내세운 '증제 2호' 김경호의 증언이다. 제14회 공판정에서 진술한 김경호의 증언을 비롯해 관계자의 진술은 노시선이 남긴 유고를 근거로 제3부 제8장 「검사 오제도와 판사 사광욱의 검은 얼굴」에서 재현될 것이다.

### '증제 1호'의 조작

노시선의 백부 연가는 남로당의 특수연락책이라는 정재한 여인의 문제를 되짚고 있다. 그것은 필자가 쓴 『국회프락치사건의 재발견』 제2권에 의존한 것이다. 국회프락치사건 재판에서 오제도 검사가 제시한 '증제 1호'(남로당 특수공작원 정재한 여인)와 '증제 2호'(경찰정보원 김경호)가 엉터리에 지나지 않는다는 것이다. 검찰이 제시한 '증제 1호'에 대해 독자들은 제3장 「'증제 1호'의 정치 코미디」에서 그 진실을 읽을 수 있었을 것이다.

어쨌든 정재한 여인은 오제도·사광욱 조의 '검은 손'에 의해 저세상으로 떠났지만, 그 뒤에도 오제도나 사광욱은 정재한에 대해 여전히 거짓말을 하고 있다는 점이 드러난다. 이것은 그레고리 헨더슨의 추적으로 밝혀졌다. 그는 1972년 2월 초 미국 사회과학연구협의회(SSRC)로부터 연구 지원을 받아 국회프락치사건의 연구 조사차 서울을 방문해 오제도·사광욱 등 관련 인사들을 두루 인터뷰한다. 그는 인터뷰 내용을 전하는 육필 메모를 남겼는데, 이에 의하면 오제도나 사광욱은 정재한에 대해 '새빨간' 거짓말을 하고 있다(김정기, 2008b: 231~244).

먼저 오제도는 정재한이 재판정에 출석하지 않은 것은 그녀가 암호 문서의 운반자에 불과해 판사가 필요하지 않다고 생각한 것 같다고 말했다. 그러고는 "정재한이 전향해 풀려났을 것이며 아마도 '보도연맹(ex-Communist Guidance League)'에 넘겨져 지금 한국 어딘가에 살고 있을 것"이라고도 말했다. 사광욱과의 인터뷰에서 헨더슨이 "증제 1호를 믿은 근거는 무엇인가요?" "정재한은 왜 출정하지 않았습니까?"라고 질문하자 그는 이렇게 답변한다.

> 그대로는 기억나지 않습니다. 그러나 증제 1호는 기억합니다. 만일 증제 1호의 신빙성에 대해 추호라도 의심이 들었다면 정재한을 증인으로 불렀을 것입니다. 그러나 나는 신빙성을 확신했기에 부를 필요가 없다고 생각했습니다(김정기, 2008b: 235).

### 요약과 소결

신성균 의원의 아들 신현국은 『아버지를 위한 변론』을 써서 신생 대한민국의 자랑스러운 제헌국회 의원이었던 아버지가 이승만 정권에 의해 국회프락치사건에 억울하게 옭아맴을 당했다고 변론했다. 그것은 핏줄인 아버지를 위한 사부가이기도 하지만, 왜곡된 사법정의를 실현하고자 하는 그의 투쟁이었다. 노일환 의원의 조카 노시선도 긴 유고를 남겨 백부를 위한 연가를 불렀다. 특히 그는 여기에서 국회프락치사건 공판 제14회에서 일어난 일을 새로운 증거로 제시한다. 그것은 김홍기라는 방청객의 생생한 목격담으로 오제도 검사가 공개 법정에서 저지른 파행을 보여주고 있다.

결론적으로 '증제 1호'로 제시한 정재한 여인을 증언대에 세우지 못하고 이어 '증제 2호'로 제시한 김경호의 증언마저 신뢰성이 무너졌다면 오제도가 공소한 국회프락치사건은 마땅히 무죄 선고를 받았어야 했다. 그러나 사광욱 판사는 13명의 소장파 국회의원 모두에게 유죄를 선고하고 말았다.

## 제2부를 마치며

제2부는 필자가 김옥주, 신성균, 노일환 세 의원의 후손들이 남긴 책이나 유고를 근거로 다음의 세 가지 서사를 중심으로 엮었다. ① 남로당 프락치로 누명을 쓴 국회의원들이 6·25 전쟁 뒤 서울 수복 직전 북행한 까닭은 무엇인가, ② 그들이 북행한 뒤 후손이나 가족들이 빨갱이로 낙인찍혀 받은 신체적 박해와 영혼 학대의 실상은 무엇인가, ③ 마지막으로 그럼에도 후손들은 북행한 이들을 기리는 연가를 불렀는데,

그것은 후손들의 피폐한 영혼을 달래는 영가이지 않은가. 필자는 여기에 김병회 의원의 딸이 전하는 집안 이야기도 곁들였다.

필자는 앞에서 그레고리 헨더슨을 '위대한 기록자'라고 평가했는데 그의 위대한 행적은 국회프락치사건 연구차 1972년 서울을 방문한 데서도 이어진다. 오제도·사광욱 등 이 사건의 관련자들을 대상으로 한 인터뷰에서 오제도·사광욱의 검은 사법 카르텔이 '증제 1호' 정재한에 대해 거짓말을 한 것을 밝혀낸 것이다.

'프락치' 국회의원들은 왜 북행을 했을까? 그들은 이승만 정권이 저지른 반인륜적인 고문에 치를 떨면서 북행을 하지 않을 수 없었다. 그러나 그들의 북녘 삶은 김일성 우상 신화가 절대화한 사회에서 편안치는 않았을 것이다.

'프락치' 국회의원들이 북행한 뒤 '빨갱이'로 낙인찍힌 후손들은 신체적 박해에 이어 영혼의 학대를 받는다. 이는 전쟁 통에 몇몇 가족에게 가해진 에피소드가 아니라 한민족이 겪은 비극을 상징한다. 그럼에도 북행한 이들을 기리는 후손들의 연가는 핏줄을 향한 그리움을 넘어 민족 구성원 상호 간의 정담을 상징한다.

제2부의 이야기는 중요한 정치적 함의를 갖는다. 이승만 정권의 행태는 반민주주의의 극한치를 보여주었으며, 이를 극복하는 것이야말로 민주주의 소생의 길이라는 점이다. 그리하여 우리 민족은 1980년대 후반에 이르러서야 이승만 정권이 남긴 나쁜 유산을 극복하는 민중의 힘을 보여주게 된다.

# 제3부
# 마녀재판의 실상

제3부에서는 오제도 검사가 기소하고 사광욱 판사가 심리한 이 사건 재판의 실상을 살핀다. 제2부에서 생생히 드러났지만 13명의 '프락치' 국회의원들은 가혹한 고문 수사 끝에 기소 및 재판에 이르렀다. 그런데 이 재판정이, 검사가 주장한 유죄 여부를 실증하기보다는, 피고들이 당한 고문 수사를 묵인하고 뒷받침하는 마당이 되어버리는 이상한 풍경이 연출된다.

제3부 '마녀재판의 실상'은 두 장으로 구성된다. 제7장 「고문 수사의 드러난 얼굴」은 국회프락치사건 재판심리 과정에서 피고인들과 검사가 말을 주고받는 가운데 드러난 고문의 참상을 밝힌다. 이어 제8장 「검사 오제도와 판사 사광욱의 검은 얼굴」은 한 방청객이 제14회 공판정에서 직접 본 목격담을 살펴보고 이어 헨더슨이 남긴 프락치사건 공판 기록과 그의 논평을 싣는다.

결론적으로 독자들은 이승만 정권의 하수인이 된 사법부가 사법 정의를 얼마나 왜곡할 수 있었는지 그 드러난 민낯을 보게 될 것이다.

제7장

# 고문 수사의 드러난 얼굴

이 장에서는 국회프락치사건 재판정에서 드러난 고문 수사의 실상을 살피고자 한다. 여기에는 크게 주목할 두 가지 국면이 있는데, 하나는 수사 과정에서 피고인들이 '고백'했다는 '고백원문'이 그 숨겨진 얼굴을 드러낸 것이며, 다른 하나는 재판정에서 피고인들이 검사와 말을 주고받는 가운데 고문의 실상이 폭로되고 사실로 밝혀진 것이다. 앞의 것은 은유적으로 표현된 것이지만 행간에 숨겨진 진실을 읽을 수 있으며, 뒤의 것은 직접적으로 표현된 법정 진술이기에 의심의 여지가 없다 하겠다.

## 1. '프락치' 의원들의 에두른 폭로

다시 이야기를 프락치사건으로 돌려 체포된 국회의원 13명으로 돌아와 보자. 이들은 기소되기 전 헌병대 수사관들에게 가혹한 고문을 받았다고 공판정에서 토로했지만 그 실상을 자세히 알 수는 없었다. 그러나 우리는 그들이 취조 과정에서 어떻게 취급받았는지를 그들이 남긴 '고백원문'에서 역설적으로 엿볼 수 있었다.

'고백원문'이란 헌병대에서 '구속 취조' 끝에 8명의 '프락치' 국회의원들로부터 받아낸 일종의 자술서다. 그러나 이들은 '고백'했다는 자술서에서 전기 고문 등 가혹한 고문을 당했다는 내용을 에둘러 폭로하고 있다. 이것은 당시 내무부 추천도서라는 『한국에서 최초로 발생한 국제간첩사건: 일명 김호익 수사일기』(이하 『김호익 수사일기』)라는 책에 '고백원문'으로 수록되어 있다.

이승만 정권 아래 공안 수사기관들이 이른바 '빨갱이'들에게 무자비하게 테러와 고문을 자행한다는 사실은 공공연한 비밀이었어도, 공적 수사기관이 국민이 대표로 뽑은 국회의원들에게 고문 수사를 자행했다는 것은 상식적으로 생각하기 어렵다. 그러나 드러난 사실 그대로다.

이들 국회의원에 대한 강압수사의 특징은 헨더슨이 말한 대로 '소통불능(incommunicado)' 상태에서 반복적으로 고문을 받았다는 것이다(Henderson, 1968: 166). 소통불능은 변호사의 접견은 물론이고 가족들의 면회도 허용되지 않는다는 것을 의미한다. 이것이 '국가보안법' 위반 혐의로 구속된 피의자들의 공통된 사정으로, 이승만 정권 시절 헌병대나 방첩대 수사, 훗날 중앙정보부 수사의 일반적인 특징으로 굳어졌다.

1975년 박정희 유신체제가 맹렬히 작동하고 있을 무렵 감옥에서 풀려난 일단의 학생들이 심한 고문을 받았다고 폭로한 뒤 13명의 전직 야당 국회의원들이 이에 가세한 일이 있다. 이 야당 국회의원들은 1972년 이른바 '10월유신'이 선포된 뒤 곧바로 잡혀 들어가 가혹한 고문을 당했다고 폭로한 것이다. 그중에서 최형우 의원은 그가 당한 고문으로 하반신이 일시 마비 증세를 보였다고 토로했다. 자신이 당한 물고문을 묘사하면서, 최형우는 "요사이 소 장사 몇 명이 소를 도축하기 전 몸무게를 불리기 위해 강제로 물을 먹인 죄로 붙잡혔다. 도대체 국회의원들에 물고문을 한 중앙정보부원들은 왜 잡아넣지 않는가? 국회의원들이 소만도 못한가?"라고 항변하기도 했다("고문정치의 실상", ≪동아일보≫, 1975년 2월 28일 자).

국회프락치사건에 연루되어 구속된 국회의원의 경우 체포에서부터 기소 단계에 이르기까지 모든 것이 조작된 음모에 다름 아니라는 것을 앞에서 살펴보았다. 여기서는 국회의원들이 헌병대에서 어떻게 수사를 받았는지 그들의 '고백원문'에 담긴 사실을 들여다보고자 한다.

## 고문 수사의 진상

먼저 군인도 아닌 국회의원들의 수사를 왜 헌병대가 맡았을까? 육군참모총장 채병덕(蔡秉德)은 1949년 7월 2일 국회 본회의에서 그 까닭을 다음과 같이 해명하면서 고문은 없었다고 주장했다.

> 이번 일을 헌병이 착수한 것은 사실 경찰에서 하는 것이 좋은 일인 줄

아나 헌병 자체에도 형사소송법상 사법경찰권을 갖고 있다는 점과 이 사건의 중대성을 감안, 군·경이 일치돼 하는 것이 적당하다는 결론을 내렸다. 군은 표면에 서고 경찰이 이면에서 적극 협력하는 것이다. 헌병이 주도하게 됐으나 사실은 검찰총장 지휘하에 하는 것이며 현재로는 20일 이내에 일단락되리라 생각한다.…… 노일환 이문원 두 분은 확실히 남로당원임을 자백했다. 이것은 들어와서 한 사흘 있다가 자백한 것으로 국회 내에 전 책임을 두 분이 지고 했다는 것도 자백을 했다. 자백을 하는데 초기에는 불응했으나 이 문서[암호 문서]를 보이니까, "아 그런 것까지 알 것 같으면 할 수 없이 말한다"고 순순히 자백했으며 암호라는 것이 우리가 수일 걸려 고생하던 것과 부합되는 점이 있다. 박윤원 황윤호 두 분은 때때로 남로당에 가입했다고 그리고 때때로 그렇지 않다고 그러고 해서 확실치 않으나 우리로서는 고문이나 구타 등 비인도적 행동을 안 하기 때문에, 또 그것을 엄금했기 때문에 시간이 걸리리라 생각한다(『제헌국회속기록』 제4회 국회 1호, 1949년 7월 2일).

그러나 이 말은 새빨간 거짓말이었다. 이들 국회의원의 혐의에 대해 내사 단계에서는 서울시경 사찰과가 주도했으나 그 뒤 수사는 민간인은 접근하기 어려운 헌병대에서 맡았다는 것은 무엇을 암시하는가? 곧 헨더슨이 말한 대로 '소통불능' 상태에서 변호인 접견이 차단된 채 헌병대 수사관이 밀실수사를 할 수 있는 여건에서 고문을 제한 없이 자행할 수 있었음을 의미한다.

그 결과 이 사건의 가장 두드러진 특징은 국회의원들이 헌병대 구치소에서 변호사 접견이 금지된 가운데 가혹한 고문 수사를 받았다는 점이다. 이러한 수사의 관행은 '국가보안법' 위반 사건에 걸려든 피의자들이 당하는 공통적인 특징이 되어, 박정희 유신정권에 이어 전두환의 폭압정권에 이르기까지 계속되었다. 수사관이 고문 끝에 받아낸 자백이 유죄판결의 증거로 받아들여져 처형되거나 중죄로 다스려진 것이다.

국회프락치사건 관련 피고인의 경우 그들이 이른바 국민이 선출한 '십만 선량'의 신분이었음에도 고문을 받았다는 법정 진술에 주심판사 사광욱은 아랑곳하지 않았다. 부연하면 주심판사가 주재한 사실심리 공판정에서 피고인들이 고문 사실을 여러 번 반복해 진술하고, 이른바 피고인 신문조서에서 나온 자백이 고문 때문에 억지로 한 것이라고 거듭 진술했지만, 고문에 대한 증거 조사는 전혀 이루어지지 않았다. 이렇게 주심판사가 제멋대로 심리한 점은 뒤에서 다룰 것이다.

## 에두른 고문 폭로의 몇 가지 사례

여기서는 피고인들이 헌병대에서 수사를 받을 때 썼다는 이른바 '고백원문'의 사례를 살펴봄으로써 그들이 당한 가혹한 처우를 유추해 보고자 한다. 이 고백문들은 프락치사건을 반공 홍보에 이용하기 위한 선전 책자에 수록된 것이다. 그러나 국회의원 피의자들이 어쩔 수 없이 쓴 '고백'에서 역설적으로 고문의 실상을 군데군데 엿볼 수 있다. 김옥주는 '고백원문'에 다음과 같이 쓰고 있다.

본인은 거 6월 20일 피체될 때부터 금일까지의 모든 감방생활과 그 생활에서 얻은 바 또는 본인이 결심한 바와 맹서한 바를 솔직히 고백하겠나이다.…… 십척수중(十尺水中)은 가지(可知)이나 삼촌(三寸)도 못 되는 인간의 심중은 알지 못하므로 범죄 수사상 취조는 불가피한 것이며 그 정도 문제는 그 사건 당사자에 있는 것입니다. 과학 문명이 발달함에 따라 별별 문화시설이 발명되었으니 범죄 수사에 적절한 기계를 발명하여 당사자의 심중을 보이게 하든지 또는 하나님[하느님—필자] 앞에서 죄를 범하기를 두려워하는 백성이 되어서 죄를 범치 않도록 하든지 만약 일시적 착오로 죄를 범할 시에는 곧 자백하고 회개하고 하여서 관대한 처벌을 받고 그 갱생의 기쁨으로 여생을 봉사에 이바지할 수 있는 인간이 되면 취조와 고문 등은 자연 소멸될 것입니다. 당하는 사람도 쓰라리지마는 하는 사람도 참으로 못 할 노릇입니다(김호익, 1949: 181).

것같습니다。 나는 어떻게 民衆에게 謝過하여야 할것이며 무엇으로 國家民族을爲하여 나의過誤를 相殺할수있도록 獻身할것인가에 對하여 晝宵로 생각하고 있읍니다。 내自身 앞으로 모든 일에있어서 더욱히 먼저 國家民族의 將來에 밋이는 影響을 반드시 考案할것이며 輕率한處事가 없도록 祖國의發展에 獻身努力함에는 左翼無産徒輩의 打倒에 確固한 信念을 갖지 않어서는 안된다는것을 銘心하게 되었읍니다。

그리고 무거운 良心의苛責에서 自愧之心을 抑制치못하고 있읍니다。 政治는 現實이라는 말을 조용한 獄中에서 몇번이나 헤칫던것입니다。 우리는 國初에있어서 우리가 直觀하고 있는 現實을 收拾함에있어서 三權의調和를 얻도록 하므로서 民族國家의 大局的見地에서 나오는 强力한執行力을 行政府에서 掌握하여야 한다는것은 느꼈으며 國會와政府間의 有機的聯關性을 保持하므로서 三權의調和를 얻는다는것은 느꼈읍니다。 나는 飜然히 覺醒하여 또다시 過誤를 犯하지않을 鞏固한 決意를 하고있읍니다。

二、金沃周의 告白文

國事多端한 此際 더구나 臨時國會가 開會되어 山積같은 法案處理에 寸陰이라도 可惜

[ 179 ]

김옥주 의원의 고백원문

김옥주는 서울 필동 소재 헌병사령부 제2호 감방에 수감되어 20일 동안 수사관에게 문초를 당하면서 이 '고백'을 쓴 것인데, 인용문은 자신이 고문당했음을 거의 노골적으로 시사하고 있다. 그는 "과학 문명이 발달함에 따라…… 범죄 수사에 적절한 기계를 발명하여"라고 하여 그가 어떤 기계에 의해 고문당했음을 암시하면서, 마지막 문절에서 "당하는 사람도 쓰라리지마는 하는 사람도 못 할 노릇입니다"라고 밝히고 있다. 이는 그가 고문 수사를 받았음을 에둘러 그러나 노골적으로 토로한 것으로 읽을 수 있다.

황윤호가 쓴 '고백원문'에는 취조 중의 심경이 표현되어 있다.

> 보초 헌병의 군율 엄숙과 식사에 대하여 무차별과 또한 환자에 대한 의료 정확 등은 실로 우리 대한민국이 아니면 볼 수 없으리라고 생각되며 감격에 넘치는 바였습니다. 그야말로 죄는 미워도 사람은 밉지 않다는 표어 그대로이며 특히 본 피의자는 [약 37자 지워짐—필자] 몸 보호에 친절히 염려와 구호하여 준 데 대해서 감루하였습니다.
>
> [약 35자 지워짐—필자] 추호도 유감도 원망도 없으며 당연지사라고 생각하였습니다. 이유는 이 나라를 파괴계획으로 남로당원과 동일한 행동을 취한 데 대하여 그 죄상 유무를 판단키 위하여는 불가피한 사실이며 본 피의자의 입장이 바뀌었다면 더욱 극심할 것을 지

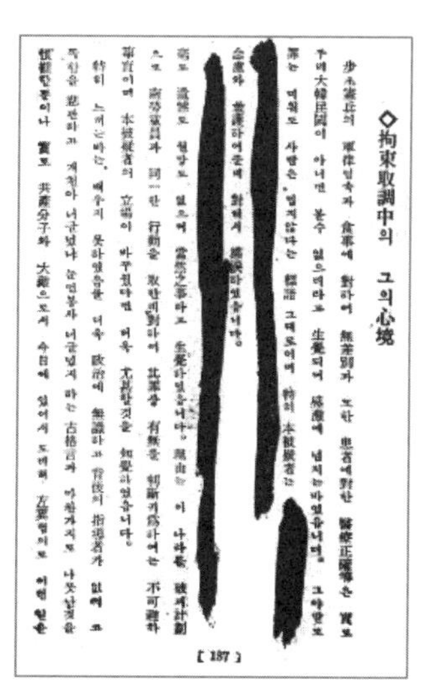
◇拘束取調中의 그의心境

[ 187 ]

황윤호의 고백원문

각하였습니다(김호익, 1949: 187).

그런데 이 문장 가운데 종렬 3~4번 줄 2행(行) 약 37자와 6번 줄 1행 약 35자가 흑색으로 지워진 채로 출판되었다. 지워진 글자는 무엇이었을까? 또 그 글자를 왜 지웠을까? 글자를 지운 까만 잉크를 그대로 노출시킨 채 출판한 것을 보면 문제의 글자가 출판된 뒤 발견되고, 이미 일부가 배포된 상황에서 허겁지겁 글자를 지웠다고 짐작할 수 있다. 도대체 어떤 글자가 있었기에 출판된 뒤 황급히 지웠는가?

짐작하건대 전후 문맥을 연결해 보면 첫 번째 누락분은 황윤호가 고문으로 몸이 심하게 상했음을 표현한 문장이었을 것이다. 두 번째 누락분은 상한 몸 상태를 묘사한 글이었으리라. 그는 여기서 상한 몸 상태에 대해 "추호도 유감도 원망도 없으며 당연지사"라고 표현해, 매우 망가진 몸 상태에 대한 그의 감정을 역설적으로 말하는 듯 보인다.

이 '고백원문'을 쓴 8명의 '프락치' 국회의원들은 노일환, 김옥주, 황윤호, 김병회, 이문원, 박윤원, 최태규, 강욱중이다. 이들이 쓴 '고백원문'을 보면 한때 소장파 전성 시기에 이승만 대통령에 맞서 싸우던 투사들의 목소리는 간 데 없고 표면적으로 보면 '아부'하는 인간의 비굴한 심정까지 보여준다. 이들에게 강압적인 분위기에서 무슨 일이 일어났기에 이런 고백문을 썼는지 상상만이 가능하다. 히틀러같이 홀로코스트를 자행하는 잔인한 무한권력 앞에 인간은 얼마나 무력하고 초라한 존재인가? 무한권력의 비인간적인 힘은 우리 역사에서 무엇을 의미하는가? 노일환은 한때 소장파 의원으로 이승만 대통령에 맞서 싸웠지만 이제 그는 다음과 같이 '고백'한다.

> 그리고 무거운 양심의 가책에서 자괴지심을 억제치 못하고 있습니다. 정치는 현실이라는 말을 조용한 옥중에서 외쳤던 것입니다. 우리는 국초에 있어서 우리가 직관하고 있는 현실을 수습함에 있어 삼권의 조화를 얻도록 함으로써 민족국가의 대국적 견지에서 나오는 강력한 집행력을 행정부에서 장악하여야 한다는 것을 느꼈으며 국회와 정부 간의 유기적 관련성을 보지함으로써 삼권의 조화를 얻는다는 것을 느꼈습니다. 나는 번연히 각오하여 또다시 과오를 범하지 않을 공고한 결의를 하고 있습니다(김호익, 1949: 179).

우리는 '고백원문'에서 헌병대 수사관들이 국민이 뽑은 선량에게 아무 거리낌 없이 고문을 자행했음을 읽을 수 있다. 한국의 신생 공화국 수사기관이 원시적인 고문을 그렇게 거리낌 없이 자행하던 바로 그 시기에, 일본은 미국의 점령 체제 아래 있으면서도 1948년 새 헌법인 '신형사소송법'을 도입해 시민의 인권을 존중하려 했다는 점이 비교된다. 1954년 도쿄지검 차석 검사 다나카 만이치(田中萬一)는 피의자의 자백 또는 고문에 대해 다음과 같이 말한다.

> 그런데 신 형소(刑訴)가 도입되고 나서, 이것 또한 구 형소 시대와 똑

같이 유죄의 절대적인 요건은 아닙니다만, 한편으로는 아시다시피 공술 거부권을 인정하고, 게다가 보강 증거가 수반되지 않은 자백만으로는 유죄가 되지 않는다는 원칙적 규정이 제정되었기 때문에 자백만을 추구한다는 것은 이제는 의미가 없지 않을까요?…… 고문이라는 문제에 관해서 말씀드리면, 이른바 유형력(有形力)을 행사해 고문을 가하는 것은 구 형소 시대에서도, 하물며 현행법 아래서도 내가 듣기로는 거의 없지 않을까 생각합니다. 특히 신헌법 시행 뒤에는 폭력을 가한다든가, 협박을 가하여 무리하게 고문을 가하여 자백을 시킨다는 것은, 또 흔적을 없애버리면 괜찮다는 생각은 더 이상 통하지 않는다고 생각합니다.

다만 불필요한 큰소리로 조사한다든지, 또는 부당하게 장시간 조사한다든지, 또는 사술을 농하여 자백을 얻어내는 경우가 있을지도 모릅니다. 만약 있다면 이것은 하나의 부적절한 자백의 유인(誘因)이 될 뿐만 아니라 인권 존중상으로도 적절하지 않은 것이기에 경계하지 않으면 안 된다고 생각합니다. 어떻든 옛날 있었던 이른바 고문이라는 것은 현재 수사기관에서는 그 흔적이 없어졌다고 단언할 수 있다고 생각합니다(≪世界≫, 1955.3: 91).

이것은 민주주의가 성숙한 먼 나라 정치가의 수사나 인권운동가의 말이 아니다. 거의 같은 시절 미국의 점령 통치를 겪은 이웃나라 일본의 한 수사관이 한 말이다.

## 2. 재판정 진술에서 드러난 고문 수사

1절에서는 '프락치' 국회의원들이 헌병대의 구속 취조 과정에서 자백했다는 '고백원문'을 통해 에둘러 폭로한 '고문 수사'를 살펴보았다. 이 절에서는 그들이 공개적인 재판정에서 고문 수사를 당했다고 직접 진술했지만 그 증언에 아랑곳하지 않던 재판장의 모습을 보여주고자 한다.

### 두 피고인의 집중 심리

먼저 공판이 두 피고인 노일환과 이문원에게 집중적으로 진행된 점을 주목해 보자. 이는 국회 안의 프락치가 이 두 사람을 핵으로 하여 구성되었고, 이들이 다른 소장파 의원들을 끌어들였다는 공소장 내용에 따른 것으로 보인다. 전체 14회에 이르는 사실심리 공판 중, 거의 절반 이상의 심리를 노일환과 이문원을 상대로 하고 있는 데서 알 수 있다. 부연하면 제1회 및 제2회는 노일환과 이문원에 대해서만 각각 사실심리가 행해졌고, 그 밖에도 제5회 이문원에 대한 신문(5·10 선거 때 이문원이 남로당의 지원을 받았다는 기소 부분 조사), 제8회 노일환과 이문원에 대한 증인 신문, 제12회 노일환에 대한 증인 신문, 제13회 이문원에 대한 증인 신문이 행해졌다. '프락치' 국회의원 재판의 전체상을 살피기 위해 먼저 1949년 11월 17일 첫 공판에 있었던 노일환 피고인에 대한 사실심리를 그대로 인용해 보자.

[노일환은 이따금 미소를 지으며 자리에 조용히 앉아 있다]

판사: 피고인의 학력과 경력은?

피고: 보성전문 상과를 졸업하고 ≪동아일보≫ 기자로 취직했습니다.

판사: 정치 이념은?

피고: 간단히 말하면 의회정치의 발전을 기함으로써 민주정치를 늘 해야겠다고 생각했습니다. 그럼으로써 민주정치는 극치를 이룰 수 있다고 믿었습니다. 또한 저는 일본 국회의원인 사이토가 되고자 했습니다.

판사: 주의, 사상은?

피고: 민족주의적인 가정에서 성장했으므로 민족주의자라고 할 수 있습니다. 그러나 인텔리의 자유를 보장해야겠다는 것이 저널리스트로서 나의 생활에서 나온 확신이므로 나는 자유주의자입니다.

판사: 전북 순창에서 입후보 당시 어떤 정견을 발표했나?

피고: 5·10 선거를 적극 추진시키려는 입장이었습니다. 나는 이 나라 국민으로서 무력에 의한 통일은 안 되고 평화적 통일이 되어야 한다고 바랐습니다. 그래서 그 토대는 의회정치를 발달시킴에 있다고 생각했습니다. 나는 모든 집단을 포용하려 했으며, 만일 민주주의를 반대하는 집단이 있다면 힘으로 흡수해야 한다고 생각했습니다.

판사: 남로당원 이삼혁을 어떻게 알았는가?

피고: 중앙청에서 처음 만났습니다. 국회에서 나오는 길에 내게 다가와

인사를 하여 알았습니다. 다음 번에 다시 그가 중앙청에 왔을 때 우리는 찻집에 가서 국회에서 일어난 일에 대해 이야기했습니다. 그뒤 그가 내 집으로 찾아와 자주 만났는데 정치적 의견이 나와 비슷했습니다. 우리는 정치적 문제와 국회 안의 동태에 관해 이야기를 나눴습니다.

판사: 이삼혁이 남로당 가입을 권유하고 프락치를 구성하라고 했다는데?

피고: 나는 남로당 가입 권유를 받은 일 없고 프락치라는 말도 들은 적이 없습니다.

판사: 피고인이 경찰에 자백한 내용인데 내가 읽겠다. 2월 어느 날 이삼혁이 당신을 충무로의 어느 일식 가옥으로 데려갔다. 거기서 이삼혁이 남로당 가입을 권고했다. 피고인은 국회의원인 고로 가입할 수 없다고 했지만 이삼혁이 끝내 가입하라고 하기에 2일간 생각할 시간을 달라고 했다. 다음 날 같은 장소에서 피고인이 이삼혁을 만났을 때 그가 말하기를 당신이 남로당에 가입하든 말든 여태껏 남로당 지령에 따라 많은 일을 한 것이 사실인 고로 경찰이 아마 당신을 쫓고 있을 것이다. 당신이 정 남로당 가입을 거부하면 당이 무기를 준비하고 있어 가만있지 않을 것이다. 그래서 피고인은 협박을 받고 남로당에 가입했다고 자백했다고 되어 있는데?

이어 판사와 노일환은 다음과 같이 주고받는다.

피고: 나는 헌병대에 거짓 자백했습니다. 내 건강이 고문을 이기지 못했기 때문입니다.

판사: 이삼혁으로부터 10만 원을 받은 적이 있는가?

피고: 하루는 이삼혁이 나를 식당으로 데려가서 옷을 잘 입은 신사를 소개하면서 마카오 상인이라는 것이에요. 며칠 뒤 이삼혁이 10만 원을 주면서 마카오 상인이 정치자금으로 주는 것이라고 했어요. 나는 그 돈으로 소장파 의원들과 저녁, 점심 값으로 썼습니다.

판사: 피고인은 국회 내 프락치를 구성함에 있어 이문원, 황윤호, 박윤원이 주동이 되고 국회 부의장 김약수를 끌어들였다는데?

피고: 그런 사실 없습니다.

판사: 피고인이 경찰과 검찰에 자백한 것이 아닌가?

피고: 그런 일 없습니다.

판사: 피고인은 남로당 지령에 따라 미군 철수에 관해 국회의원을 상대로 연판운동을 벌였다는데?

피고: 자발적으로 한 일이지 남로당 지령에 따라 한 것이 아닙니다.

판사: 피고인은 북한 괴뢰집단을 위해 국회 내 활동에 관해 보고서를 썼다는데? (문서를 보이면서) 이 보고서는 한 여인이 가져가다 개성에서 잡혀 발각되었다는데?

피고: 아는 바 없습니다.

공판은 오후 2시 15분 끝남(헨더슨 공판 기록, 제1회 공판분에서).

이 첫 번째 프락치재판 공판에서 볼 수 있듯이 주심판사는 국회프락치의 핵을 구성했다는 노일환을 집중 추궁한다. 판사는 이른바 '증제 1호'에 나와 있는 대로 노일환이 남로당 가입 등을 '자백'했다고 따지고 있다. 그러나 노일환은 분명한 말로 그것은 헌병대의 고문 때문이었다고 토로한다.

이어 다음 날 개최된 제2회 공판에서 또 다른 한 명의 핵심 피고인인 이문원을 집중 신문한다. 이들이 추궁당한 것은 남로당 공작원들의 금품 공여 공작이나 위협으로 피고인들이 남로당에 가입하고 남로당 지령으로 외군 철수 운동을 벌였다는 공소 사실이다.

그러나 이문원도 노일환과 마찬가지로 남로당의 공작원으로 알려진 이삼혁 또는 하사복(양인은 동일 인물)을 만났다고 시인했지만, 그가 남로당원인 것을 몰랐다고 진술하고 있으며, 게다가 남로당 가입을 극구 부인하고 있다. 더구나 남로당의 지령을 받은 것은 더더욱 아니라고 주장한다. 바꿔 말하면 그들이 추진한 외군 철수 운동은 남로당과는 상관없이 스스로의 판단에 의해 벌인 것이라고 말하고 있다. 또한 피고인들이 남로당 가입이나 지령에 의해 움직였다는 '자백'은 수사기관이 고문을 자행해 어쩔 수 없이 나온 것이라고 토로하고 있다.

물론 검사가 제시한 '증제 1호'는 노일환, 이문원, 박윤원이 핵심으로서 이들이 다른 국회의원들을 끌어들여 국회 안의 남로당 프락치를 구성했다고 되어 있고, 판결도 그렇게 나왔다. 그러나 사광욱 주심판사는 남로당 공작원 이삼혁 또는 하사복이 주로 노일환과 이문원을 남로당에 가입시켜 이들이 남로당의 지시에 따라 외군 철수 운동을 벌이게 했다는 점을 집중 추궁하면서도, 다른 피고인들의 경우에는 남로당 공작 부분에 대해 그냥 넘어가고 있다.

앞에서 보았듯이 재판심리 과정에서 피고인들이 헌병대에서 고문수사를 받았다고 내놓고 진술하고 있는데도 판사는 아랑곳하지 않는다. 비단 노일환, 이문원뿐만 아니라 김옥주를 비롯한 여러 피고인들이 반복해 증언하고 있는데도 아예 귀머거리처럼 대하고 있다.

## 요약과 소결

'남로당 프락치' 누명이 덧씌워진 소장파 국회의원들은 헌병대에 구속되어 취조받는 과정에서 가혹한 고문을 당했다. 그것은 그들이 썼다는 '고백원문'에 에둘러 폭로되고 있을 뿐만 아니라 그 뒤 열린 공개 재판의 피고인들 진술에서도 여지없이 드러났다. 그뿐 아니라 국회의원들이 고문을 받았다는 사실은 국회 회의록에도 기록될 정도였다. 즉, 1949년 5월 23~24일에 열린 본회의에서 신성균 의원의 긴급 제안으로 당시 불법으로 체포된 이구수, 이문원, 최태규 3인의 석방결의안이 논의될 때 주기용 의원이 석방 반대 발언을 이어가자, 의석에서 "당신 한번 들어가 보시오", "전기고문 해요"라는 야유가 터져 나왔다고 기록되어 있다.

이로 미루어 당시 고문 관행이 국회프락치사건 피고인들에게도 자행되었다는 것이 이미 널리 알려진 사실인데도 사광욱 판사는 이에 주의를 기울이기는커녕 귀머거리처럼 재판을 진행한 것을 알 수 있다. 국회프락치사건 재판은 그 뒤 검사의 공소가 그대로 판결로 직결되어 반공 공안사건 재판의 전형을 이루었다.

제8장

# 검사 오제도와 판사 사광욱의 검은 얼굴

총기 사용이 만연한 미국 사회에서는 결정적인 증거를 '스모킹건(smoking gun)'이라 한다. 총구에서 연기가 피어오르고 있으니 더할 나위 없이 결정적인 '살인' 증거일 터다. 국회프락치사건의 경우, 검사의 수사·기소에 이어 판사의 재판심리를 자세히 관찰한 두 목격자가 있다. 그들은 바로 프락치사건 공판 기록을 모두 사실 그대로 기록한 미대사관의 그레고리 헨더슨, 그리고 프락치사건 공판정에서 일어난 일을 목격한 한 방청객이다. 이 두 목격자야말로 프락치사건이 조작되었음을 알려주는 국회프락치사건의 '스모킹건'이 아닐까.

국회프락치사건의 첫 공판은 앞서 이야기했듯이 1949년 11월 17일에 열렸다. 첫 구속수사가 시작된 지 반년 이상이 지나서였다. 오전 11시 서울지방법원 대법정. 신문들은 첫 공판을 스케치하면서 대법정이 "갑자기 쌀쌀해진 날씨를 무릅쓰고 이른 아침부터 몰려드는 방청객으로 초만원을 이뤘다"라고 묘사하고 있다.

그 뒤 공판은 해를 넘겨 1950년 2월 4일까지 모두 제14회를 거친 뒤, 결심공판이 2월 10~13일에 열렸다. 이 결심공판에서 오제도 검사는 장장 2시간 반 동안 '준열한' 논고를 읽은 뒤 피고인 모두에게 유죄를 구형했다. 다시 한 달이 지나 3월 14일 선고공판이 열려 13명의 국회의원 모두에게 최고 10년부터 최하 3년에 이르는 실형을 언도했다. 이로써 프락치사건 제1심 재판은 종결되었다. 그러나 피고인들이 모두 상소하여 제2심 계류 중에 한국전쟁이 터지면서 이 사건은 '영구 미제'로 끝나고 말았다.

그러나 16회에 이르는 모든 재판 과정을 주의 깊게 지켜본 사람이 있었다. 당시 미국 대사관 삼등 서기관 그레고리 헨더슨이다. 그가 남긴 재판 기록은 지금도 고스란히 남아 있다. 필자는 제2부에서 그를 "위대한 기록자"로, 그 기록을 "기록의 위대함"이라고 묘사했는데, 말한 그대로다. 사실 그 기록이 없었다면 70여 년 전 신생 대한민국 민주주의의 분수령이 된 '국회프락치사건'은 역사의 뒤안길에 묻혀버렸을 것이다.

그런데 이 재판의 풍경을 관찰한 또 다른 목격자가 있었다. 그는 노일환 의원의 조카 노시선이 유고에 남긴, 김홍기라는 방청객이었다. 노시선은 김홍기가 제14회 공판을 방청한 목격담을 전하고 있는데, 이는 헨더슨이 미 국무부로 발송한 공판 기록에도 없는 것이다. 먼저 김홍기가 전하는 목격담의 실체와 의미를 조명해 보고자 한다.

## 1. 한 방청객의 목격담

김홍기가 목격한 '공판정에서 일어난 일'을 살펴보기에 앞서 이와 관련해 헨더슨이 남긴 제14회 공판 기록에 주목해 보자. 이 재판정에서 피고인들의 변호인은 여러 명의 증인을 신청했으나 사광욱 판사는 대부분 기각한다. 예컨대 노일환의 변호인은 암호문을 음부로 운반했다는 정재한을 비롯해 7명의 증인을 신청했지만 오제도 검사는 이에 반대한다. 첫째, 증인들이 이 재판과 상관없으며, 둘째, 증인들이 피고인들을 보호하기 위해 거짓 진술을 하려 한다는 것이었다. 결국 사광욱 판사는 협의 끝에 검찰이 신청한 3명만 받아들이기로 결정했다. 정해근, 김경호, 최영희가 그들이다. 이 중 김경호에 대한 판사의 신문은 다음과 같다.

판사: 증인은 한때 서대문형무소에 있었는가?

피고: 네, 사기 혐의로 있었는데 뒤에 무죄로 밝혀졌어요.

판사: 증인은 작년 8월 건물6사 19호 감방에 있었는가?

피고: 네, 그렇습니다.

판사: 황윤호 피고인을 아는가?

피고: 네.

판사: 8월 중 황윤호와 같은 감방에 있었던 것이 사실인가?

피고, 네, 그렇습니다.

판사: 황윤호에게 무엇을 들었는가?

피고: 비밀리에 당국과 협조하라는 것입니다. 그래서 나는 공산당원인 체 했습니다. 황윤호는 내게 남로당이 자신을 조종하고 있다는 것을 전혀 몰랐다고 했습니다.…… 노일환이 내게 두세 달 기다리면 인민군이 내려와 그를 풀어줄 것이라고 했습니다. 그는 자신이 공산당원이며 오제도를 죽일 거라고 했습니다(헨더슨 공판 기록, 제 14회분에서).

이와 관련해 헨더슨의 공판 기록에는 노일환, 이문원 피고인은 김경호가 "제정신(sane)"인지 의심스러우며, 또 김경호가 경찰 "첩자(spy)"라는 것을 감방에 있는 사람들이 다 알고 있는 마당에 자신들이 그에게 공산당원이라거나 오제도를 죽일 것이라고 말할 리 있겠느냐고 반박했다고 적혀 있다.

## 생생한 목격담

헨더슨의 공판 기록에는 김경호가 "노일환이 내게 두세 달 기다리면 인민군이 내려와 그를 풀어줄 것이라고 말했다"라고 증언한 대목이 있다. 한편, 다음에 이어지는 노시선의 기록은 당시에 방청객 김홍기가 현장에서 목격한, 그러나 헨더슨의 공판 기록에는 묘사되어 있지 않은 바로 그 장면을 생생하게 기록하고 있다.

김경호가 재판정에서 증언하기를 "내(김경호)가 노일환 의원과 같은 감방에 있을 때 '나(노일환을 지칭)는 남로당 당원이며, 남로당에 가입했고 이북에서 곧 쳐들어온다'라고 나(김경호)에게 얘기했다"는 요지의 증언을 했습니다.

김경호의 증언이 끝나자 백부님[노일환]은 격앙이 되어서 "그와 같은 사실이 아닌 얘기를 누가 너 같은 사람에게 하느냐?"고 다그치며 몰아쳤다고 합니다. 김경호는 백부님의 기세에 눌려 얼이 빠져 기어들어가는 목소리로 이렇게 말했다고 합니다. "오 검사님이 시키셨어요." 그러자 화가 머리끝까지 치민 오제도 검사가 증인에게 다가가서 귀뺨을 올려붙였습니다. 방청석은 매우 소란해졌다고 합니다.

노시선은 이렇게 적었다. "그 방청객의 이름은 김홍기였습니다. 김홍기 씨는 '이 재판의 광경을 보고 노일환에 대한 재판은 조작되었다고 확신'했다고 합니다"(노시선 유고).

노시선의 유고를 근거로 그날 재판정에서 일어난 일을 재구성해 보면 다음과 같다.

김경호: 내가 노일환 의원과 같은 감방에 있을 때 "나(노일환)는 남로당 당원이며, 남로당에 가입했고 이북에서 곧 쳐들어온다"고 내게 얘기했습니다.

노일환: 이 놈, 그와 같은 사실 아닌 얘기를 누가 네게 했느냐?

김경호: [노일환의 기세에 눌려] 오 검사님이 시키셨어요.

오제도: 저 놈이. [김경호에 다가가 귀빵을 올려붙인다]

방청석: [여러 사람이 "이럴 수가"라면서 소란]

김홍기: [이 광경을 목격하며 이 사건이 조작이라고 확신]

노시선이 유고에서 남긴 김홍기의 목격담을 믿을 수 있을까? 필자는 거침없이 '그렇다'라고 여긴다. 그것은 노일환이 남로당에 가입했다든가 남로당원이라는 김경호의 진술 때문이 아니라, 그가 "이북에서 곧 쳐들어온다"라고 김경호에게 말했다는 대목 때문이다. 이 대목은 헨더슨이 수록한 제14회 공판 기록의 해당 대목과 내용이 일치한다.

영문으로 된 이 대목은 "No Il-hwan told me that he only had to wait two or three months and the People's Army would come down and liberate him"이라고 적혀 있다. 해석하면 "노일환이 두세 달 기다리기만 하면 인민군이 내려와 그를 풀어줄 것이라고 내게 말했다"이다. 물론 "곧 쳐들어온다"는 말과 "두세 달 기다리기만 하면 인민군이 내려와 그를 풀어줄 것"에는 표현의 차이가 있지만, 실질 내용은 일치한다. 뒤에 다시 부연하겠지만, 이는 김홍기가 그 재판정에 있었다는 확실한 방증이다.

노시선은 김홍기라는 방청객의 이름을 알게 된 경위, 그가 목격한 '제14회 공판정에서 벌어진 일'을 듣게 된 사정을 다음과 같이 기억한다. 그것은 1966년 3월 즈음으로 거슬러 올라간다. 그는 당시 대학생으로 그 무렵 노량진에서 주로 공원(工員)들과 직장인들이 묵는, 아침식사와 저녁식사가 제공되는 집에 하숙하고 있었다고 한다. 그 하숙집 주인이 40대 후반쯤으로 보이는 김홍기였다고 한다.

> 1966년 4월 중순(또는 초순경)에 황금빛 밝은 햇살이 아침부터 타고 들어와 기분 좋은 어느 일요일 아침이었습니다. 하숙집 주인은 40대 후반쯤으로 보였는데 키가 매우 컸습니다. 그리고 귀가 한쪽이 잘린 ×귀였으며 그뿐 아니라 코에도 약간 잘린 듯 흉터가 있었습니다. 그날 하숙집 주인은 나 이외 2명의 동숙인과 함께 거실에서 함께 아침식사를 같이했습니다. 아침식사를 마친 후에 하숙집 주인은 우리에게 나의 백부님에 관한 얘기를 시작했습니다. 물론 하숙집 주인은 내가 누구인지 알고 있었습니다. 그는 1950년 초에 구하기 어려운 백부님의 재판 방청권을 구해서 방청했다 합니다(노시선 유고).

그때 노시선이 들은 얘기가 바로 국회프락치사건 제14회 공판정에서 김경호의 증언을 둘러싸고 일어난 소동이었다. 그 소동을 목격한 사람이 바로 방청객으로 간 김홍기였다. 이를 목격한 김홍기는 "백부님의 사건이 조작된 것임에 틀림없다고 확신했다"라고 말했다. 김홍기는 당시 법정의 방청석은 300석으로 방청권을 얻기가 쉽지 않았다고 덧붙여 말했다고 한다. 결국 노시선은 "하숙집 주인의 얘기를 부정하기에는 '당시 상황'의 얘기가 너무 생생했다"라고 결론짓고 있다.

노시선이 남긴 유고에 기록된 (헨더슨이 남긴 공판 기록과 내용이 일치하는) 김홍기의 목격담은 과연 진실일까? 결국 김경호가 노일환의 기세에 눌려 얼이 빠져 '기어 들어가는 조그마한 목소리로' "오 검사님이 시키셨어요"라고 말했다거나 "그러자 화가 머리끝까지 치민 오제도 검사가 증인에게 다가가서 귀뺨을 올려붙였다"라고 하는 대목을 보면 그의 목격담이 모두 사실이라는 결론을 내릴 수밖에 없다. 왜냐하면 앞에서 본 대로 헨더슨의 제14회 공판 기록에는 노일환이 감방에서 김경호에게 했다는 말이 적혀 있는데, 그 내용이 김홍기가 재판정에서 직접 들었다고 노시선에게 증언한 내용과 일치하기 때문이다. 우리는 헨더슨의 공판 기록이 재판정에서 일어난 모든 일을(검사의 신문이나 판사의 심리, 변호사의 변론, 그리고 피고인의 진술도 포함하여) 사실 그대로 적고 있음을 주목해야 한다. 물론 헨더슨 공판 기록에는 오제도 검사가 법정에서 벌인 돌출 행동은 빠져 있으나, 김홍기의 목격담과 재판 기록에 나타난 "나는 공산당원이다, 북한군이 쳐들어올 것이다"라는 노일환의 발언이 (비록 경찰이 심어놓은 끄나풀의 거짓 증언이지만) 일치하는 사실을 고려하면, 오제도가 위증을 교사했다가 들통났다는 김홍기의 목격담은 숨길 수 없는 사실일 수밖에 없다. 사실이 아니라고 하면 평범한 일개 시민인 김홍기가 어떻게 언론에 보도되지도 않은 그러한 현장의 일을 알고 말할 수 있었겠는가?

김홍기의 목격담은 노시선이 김홍기라는 인물의 프로필을 구체적으로 그리고 있다는 점에서도 신빙성을 더한다. 노시선이 김홍기를 알게 된 것은 그가 대학생 시절인 1966년 3월경이었는데 그는 이렇게 기억을 더듬는다.

> 한국전쟁 때 인민군이 김홍기 씨를 반동이라고 한쪽 귀도 형태를 거의 남기지 않고 자르고 흉기를 마구 휘둘렀는지 콧등에도 깊이 팬 상처를 남겼으며, 몸에도 몽둥이찜질을 하여 좌익들은 김홍기 씨를 이미 죽은 시체로 여기고 그대로 버렸다고 합니다.…… 김홍기 씨는 집안이 원래 경제적으로 괜찮았고 성격이 대가 셌습니다. 그래서 빨갱이들에 의해 생명의 위협을 받는 중 귀와 코에 상처를 입고 구사일생으로 겨우 살아났습니다. 그래서 사람들은 그를 '×귀[짝귀]'라고 불렀다고 합니다. 하지만 의협심이 강해서 4·19 혁명 이후에 면민으로부터 특별한 신뢰를 받아서 민주당 정부 시절 [남원] 대강면 민선 면장도 했었다고 합니다(노시선 유고).

결국 필자는 그가 실존 인물이며, 따라서 그가 제14회 공판에서 벌어진 일을 회고한 목격담이 육안으로 본 그대로일 수밖에 없다고 믿는다. 그렇다면 공판정에서 오제도 검사가 돌출 행동을 보인 그 심정을 충분히 짐작할 수 있다. '증제 1호'로 제시한 정재한 여인을 증언대에 세워 보지도 못하고, 이어 '증제 2호'로 제출한 김경호마저 시나리오대로 움직이기는커녕 오히려 증언이 조작되었다는 것을 뒷받침하고 있지 않은가!

## 2. 헨더슨의 역사적인 공판 기록

국회프락치사건 공판 기록과 이 사건의 재판을 분석한 「프랭켈 법률 보고서」는 한 조를 이루는 역사적 문헌이다. 먼저 헨더슨 공판 기록은 우리가 앞에서 살펴본 대로 당시 미 대사관 정치과 소속 국회연락관 헨더슨이 이 재판에 주목하여 2명의 한국인 직원에게 지시해 모든 공판 진행 과정을 기록한 문서다.

이 공판 기록은 1949년 11월 17일 첫 공판부터 1950년 2월 10~13일 열린 결심공판까지 공판 진행을 자세히 수록하고 있다. 주심판사 사광욱이 주도한 피고인에 대한 사실심리를 주로 담고 있으며, 검찰 측 증인에 대한 신문도 포함되어 있다. 그 밖에 검사의 신문과 논고, 변호사가 제기한 반대신문과 변론도 담고 있다. 모두 영문으로 기록했다.

대부분 공판 중에 오간 말들을 수록하고 있으나, 간혹 방청객들의 웃음이라든가 피고인들의 모습, 그 밖의 정황도 전하고 있어 재판정의 분위기도 알 수 있도록 배려하고 있다.

필자는 이 방대한 공판 기록을 두루 읽고 나서 당시 20대 중반을 갓 넘긴 젊은 외교관 헨더슨이 이 재판에 몰두하게 만든 신앙과도 같은 집요한 관심을 읽을 수 있었다. 필자는 그가 정치과 상사인 에버렛 드럼라이트(Everett F. Drumright)의 눈총을 받아가며 끈질기게 이 15회에 이르는 공판 진행을 모두 수록하여 국무부로 보낸 집념에 새삼 놀라움을 금할 수 없었다. 그리고 필자는 이 방대한 문헌이 에른스트 프랭켈

(Ernst Fraenkel)의 법률 보고서와 함께 일반적으로는 우리나라 현대사, 특정적으로는 우리나라 사법사의 귀중한 역사적 문헌이라는 것을 깨달았다.

두 사람의 이국(異國)의 외교관이 없어질 뻔했던 역사 기록을 조선왕조 시절 사관(史官)들이 사초를 남기듯 한 글자 한 글자 정서하여 미 국무부에 보낸 덕분에 이 기록이 외교 문서철에 그대로 남게 되었다. 필자는 우리 현대사, 특히 사법사가 이들에게 큰 빚을 졌다고 생각한다.

### '사관'이 된 헨더슨

헨더슨은 이 공판 기록을 논평과 함께 국무부에 보냈다. 그는 이 논평에서 공판의 특성 또는 요점에 관한 자신의 견해를 썼다. 예컨대, 제3회 공판에 관해 그는 구체적으로 "정부를 전복하려는 여하한 파괴적인 또는 공산주의적인 음모에 피고인들을 연루시키는 데 실패했으며, 그들의 활동에 관해 여하한 특별한 의심을 부각시키는 데 실패했다"라고 논평하고 있다(헨더슨이 국무장관에게, 1949년 11월 28일, 국무부 기록 895.00/11-2849).

프락치사건 재판에 관한 헨더슨의 논평 중 가장 흥미로운 것은 1950년 1월 20일 열린 제12회 공판에 관한 것이다. 그는 다른 공판에 대해 간단한 논평[반쪽 내지 한쪽]을 한 것과는 달리 이 공판에 관해 3쪽에 걸쳐 긴 논평을 달았다. 이 논평은 검찰 측 증인으로 출석한 남로당 간부 출신 이재남(李載南)의 증언에 대한 것으로 노일환의 정치사상과 국회

안의 행적에 관한 것이다. 이재남은 남로당 중앙위원회 위원이며, 노일환과는 동아일보에서 기자 생활을 같이한 경력의 소유자다.

헨더슨은 이 논평을 쓰기 전에 프랭켈에게 법률적인 자문을 구했음이 분명하다. 왜냐하면 프랭켈이 후일 작성한 법률 분석 보고서가 헨더슨이 쓴 논평을 뒷받침하고 있기 때문이다. 헨더슨이 이 증인에 주목한 것은 프락치사건 피고인 중 '지도적 임무 종사자'급 피고인 2명 중 한 사람인 노일환에 관해 주목할 만한 증언을 했기 때문이다. 헨더슨의 논평을 들어보자.

> 이[남로당 공작원 이삼혁]와 노(盧)는 분명히 다섯 번쯤 만났는데, 그것은 1948년 12월 하순께 한 번, 그 조금 전 한 번, 1949년 1월 한 번, 12월 하순이나 1월 초 두 번이다. 이가 본 노의 인상은 분명한데, 그는 공산주의 관점에서 볼 때, '분명히 설득하기가 만만찮은 고객(a distinctly tough customer)'이었다. 그[노]는 자신만을 생각하는 특히 고집스러운 습관이 있었다. "내가 노를 만났을 때 그는 친미주의자와 이권자들을 증오했으며, 그가 국회에 출마한 것은 한국의 독립을 주장하기 위해서라고 말했다." 그런고로 "노의 정치적 사상은 내가 같이 일했던 신문사 시절부터 그랬듯 민족주의적(바꾸어 말하면 '비공산주의적')이었다". 노는 분명히 이와 공산주의 정책에 관해 논전을 벌였는데, 그것이 '계급독재와 폭동'이라고 비판했다. 이는 남로당 정책이, '장애'라고 생각되는 미군의 철수를 바라는 것이라고 인정했다. 그러나 그는 "남로당은 외군 철수를 요청

한 적은 없다", "당연히 외군 철수는 우리가 전혀 모르는 채 국회의원들 간에 논의된 것이다. 우리는 그들이 스스로 한 행위를 이용했을 뿐이다", "나는 노에 관한 공작에 큰 성공을 거두지 못했다"라고 계속해서 말했다 (드럼라이트가 국무장관에게, 1950년 2월 8일, 첨부물, 국무부 기록, 795.00/2-850).

헨더슨이 썼지만 드럼라이트의 이름으로 국무부에 보낸 이 기록은 노일환이 남로당 지령으로 움직였다는 검사의 기소 내용을 부정하는 이재남의 증언을 충실히 적고 있다. 부연하면 헨더슨은 이것이 노일환 등이 '남로당 프락치'로서 남로당의 지령에 따라 외군 철수 결의안을 제출했다는 검사의 주장을 부인하는 증언이라는 데 주목한 것으로 보인다. 검찰 측 증인으로 나온 남로당 중앙위 위원 이재남의 증언에 의하면, 노일환이 공산당 프락치로 활동하지 않았고 노일환에 대한 공작도 성공하지 못했다는 것을 공판정에서 진술한 것이다. 헨더슨의 논평에 의하면, 이재남은 그 뒤 1949년 1월에 노일환에 대한 공작을 그의 부하인 하사복에게 넘겼다고 증언했다.

노에 대한 공작이 성공하지 못하자 이재남은 그 공작을 1949년 1월 하사복에게 넘겼다. 하사복과 이삼혁은 노일환과 이문원을 접촉했다고 재판심리 중 나오는 두 사람인데, 이재남의 증언에 의하면 하사복 이삼혁 두 사람은 실은 두 가지 다른 이름을 쓴 한 사람이라는 것이다. 이재남의 경우와 같이 하사복은 노일환에게 자신의 신분을 감추었으며, '국회의원 신분인 그로부터 이권을 얻으려 하는 사람'으로 소개되었다는 것이다. 하사복[증인으로 나오지 않았으며, 따라서 체포되지 않았을 것이다]은 노를 정기적으로 만났다고 한다. 그는 "노가 강한 영웅주의[고집]에 사로잡혀서 다른 사람이 하는 말을 듣지 않는다"라고 보고했다. 그는 또한 노가 자기 의견에 집착하기 때문에 많은 곤란을 겪었다고 했다(드럼라이트가 국무장관에게, 1950년 2월 8일, 첨부물, 국무부 기록, 795.00/2-850).

헨더슨이 적은 이재남의 증언은 국내 연구나 기타 언론 등에서 제대로 인용된 일이 없다. 그러나 이재남이 공판정 증언대에서 한 증언은 법률적 관점에서 중요한 기록이 아닐 수 없다. 헨더슨의 이 긴 논평을 「프랭켈 법률 보고서」가 뒷받침하고 있다. 「프랭켈 법률 보고서」는 이재남의 증언을 근거로 삼아 국회프락치의 존재를 부인하고 있을 뿐만 아니라 검사가 유죄 입증에 실패했다고 적었다.

헨더슨은 이 사건의 희생자들인 13명의 제헌국회 의원들이 "사건 아닌 사건(non-event)", "역사 아닌 역사(non-history)"에 연루되어 "역사적 무명인간(歷史的 無名人間, historical un-persons)"으로 사라졌다[6]고 짚었

6 헨더슨은 1972년 4월 21일 컬럼비아대학에서 열린 '한국 세미나(Korea Seminar)'의 주제 발표자로서 이 사건을 목격한 소회를 밝히면서 이런 표현을 사용했다. 이는 그가 이 세미나를 위해 준비한 「법제 발전과 의회민주주의: 1949년 프락치사건(Legal Development and Parliamentary Democracy: The 'Fraktsiya' Incident of 1949)」이

다. 그러나 역설적으로 그가 남긴 프락치사건 공판 기록은 이 사건을 역사적 사건으로, 사건에 연루된 소장파 국회의원들을 역사적 인물로 남기고 있다. 어떻든 헨더슨은 재판 때마다 매번 심리 기록을 챙기고 이를 국무부에 보고하는 등 비상한 관심을 쏟았지만, 그의 상관 드럼라이트는 이를 못마땅하게 생각했다. 그는 헨더슨에게 워싱턴은 당신의 보고에 관심이 없다고 넌지시 말하기도 했다(헨더슨 프락치사건 자료, "Dear Bill", 1986년 1월 1일 헨더슨 서한).

그러나 헨더슨은 이에 아랑곳하지 않고 15회에 걸친 전 공판 기록을 챙겨 미 국무부에 보냈는데, 이는 대한민국 정부가 출범한 이후부터 그때까지 중요한 형사사건 재판에 관한 유일한 기록이다. 헨더슨이 보낸 공판 기록이나 「프랭켈 법률 보고서」는 필자가 쓴 『국회프락치사건 재판 기록: 미 국무부 외교문서』를 참조하라.

## 헨더슨과의 친교

앞서 서술한 프락치사건의 공판 기록이나 헨더슨이 미 국무부로 보낸 외교문서는 모두 필자가 소장하고 있다. 그것은 1988년 10월 헨더슨이 돌연 죽음을 맞은 뒤 그때까지 정열적으로 모으고 연구하던 프락

---

라는 '예비적(preliminary)' 논문(p.44) 외에 구두 발표용으로 작성한 논문 「1949년 프락치사건: 한국의 법과 정치(The 1949 Fraktsiya Incident: Law and Politics in the Republic of Korea)」에서 나온 표현이다.

보스턴 근교 헨더슨 자택 거실에서 필자와 만난 그레고리 헨더슨(1987년 7월 12일, 왼쪽)과 보스턴 부두 바다가재 식당에서 필자와 담소하는 마이아 헨더슨(2006년 10월 19일, 오른쪽).

치사건 자료를 헨더슨 부인 마이아 여사가 모두 필자에게 건네주었기 때문이다.

필자는 어떻게 그레고리 헨더슨의 프락치사건 연구를 이어받아 『국회프락치사건의 재발견』 I, II 및 『국회프락치사건 재판기록』을 쓰게 되었는가? 여기에는 헨더슨과 맺은 남다른 인연이 있다.

이에 관해 독자들이 호기심을 가질 만하기에 회고해 보려 한다(더 상세한 이야기는 김정기, 2008a: 29~55 참조).

필자가 헨더슨을 처음 만나 우정을 나눈 기간은 그의 생애 말년에 속한다. 1986년 말부터 1988년 여름까지이니 2년 정도로 비교적 짧은 기간이다. 그 짧은 기간의 만남이 이렇듯 긴 인연으로 이어질 줄은 필자도 미처 몰랐다. 그가 1988년 10월 16일 홀연히 별세했을 때 나이가 66세였으니, 지적으로 난숙한 경지에서 왕성한 저술 활동을 하고 있을 때였다. 필자가 아직 48세의 젊은 대학교수였던 시절이다. 그랬던 필자가 지금 어느덧 80대가 되어 그가 생전에 정열적으로 연구하던 이 프락치사건 자료를 이어받아 이 책을 쓰고 있다. 그것은 기이한 인연의 연속처럼 느껴진다.

필자가 헨더슨과 직접 교분을 맺은 기간은 짧지만, 그의 이름을 처음 눈여겨본 것은 그보다 훨씬 전이다. 그것은 1973년 필자가 컬럼비아대학 국제문제대학원과 신문대학원에서 수학하던 시절로 거슬러 올라간다. 필자는 1973년 초 유신체제의 군홧발 소리를 뒤로하고, 컬럼비아대학에서 수학하기 위해 뉴욕에 도착했다. 그리고 그 몇 달 뒤인 그해 5월 20일 자 ≪뉴욕타임스 매거진(New York Times Magazine)≫에서 그의 이름을 접했다. 필자는 그때 수백 쪽의 일요판 ≪뉴욕타임스≫에 딸려온 그 잡지에서 "한국은 아직 위험하다(There's Danger in Korea Still)"라는 제목으로 실린 장문의 기사를 읽은 감동을 아직도 생생하게 기억하고 있다. 그것은 미국의 진보적 자유주의의 지성이 묻어나는 장문의 기사였다. 라이샤워 하버드대학 교수와 당시 터프트대학 플레처 법외교대학원 교수로 재직하고 있었던 그레고리 헨더슨이 공동의 이름으로 쓴 이 기사는 박정희 군사정권이 저지른 이른바 '10월유신'을 맹렬히 규탄하고 있었다. 필자는 유신체제의 모순과 그 독재성이 파급시킬 역기능을 지적한 그들의 자유주의적 지성에 큰 감동을 받았다.

필자는 당시 30대 초를 갓 넘긴 젊은 저널리즘 수련자로서, 특히 이 기사의 저자인 그레고리 헨더슨의 이름을 자유주의적 지성의 상징처럼 느꼈다. 그가 유명한 『회오리의 한국 정치(Korea: The Politics of the Vortex)』의 저자라고 이 기사는 모두에서 소개하고 있었다. 이 기사는 다른 대목에서 "한국은 태국이나 파라과이와는 다르다. 한국인들은 고도로 정치화한 유교적 환경에서 수백 년 동안 자치를 누려온 경험을 갖추고 있는 민족이다"라고 말하고 있어 한국인들의 긍지를 치켜세워 주기도 했다. 또 다른 대목에서는 한국 언론에 관해 논급하면서 "그들은 고도로 발달한 신문과 기타 대중매체를 갖추고 있는데, 언론의 자유를 알고 있어 검열에 대해 맹렬히 저항하고 있다"라고 썼다. 그 이후 헨더슨의 이름은 필자의 뇌리에서 지워질 수가 없었다.

필자가 헨더슨을 처음 만난 것은 그로부터 13년이 흐른 뒤인 1986년 12월 4일 컬럼비아대학 신문대학원 부설 '갠닛미디어연구센터(Gannet Center for Media Studies)' 세미나실에서 열린 '컬럼비아대학 세미나(Columbia University Seminar)'장에서다. 필자는 컬럼비아대학이 연중 1회 개최하는 대학 세미나에 주제 발표자로 초청받아 '자유 언론의 멸종 위험에 처한 한국 언론(Korean Journalism: An Endangered Species of the Free Press)'[7]이라는 주제로 한국 언론이 처한 당시 위기상황에 관해 이야기했다.

놀랍게도 그 자리에 헨더슨이 온 것이다. 필자는 그 당시 그의 유명

---

7 필자가 '컬럼비아대학 세미나'에서 발표한 논문은 1980년 11월 계엄 상황 아래서 자행된 언론 통폐합을 서술하고, 신군부 정권에 저항하는 800여 명의 언론인 해직에 이어 1986년 4월 18일 한국일보 기자들이 결의한 '언론자유 선언'을 시발로 촉발되어 전국 기자들이 벌인 '선언운동'을 다루고는 결론적으로 신군부 정권이 강압한 언론 통제는 결국 실패할 것이라고 내다보았다.

한 책을 알고 있었으며, 게다가 13년 전 그의 ≪뉴욕타임스 매거진≫ 기사를 기억하고 있었기에 적지 않게 흥분하면서 그와 처음 대면했다. 세미나 이후 열린 리셉션에서 헨더슨과 필자는 자연스럽게 전두환 신군부 정권이 자행한 언론 통폐합에 관해 이야기를 나누면서 '우리'라는 일종의 공감대를 형성했다.

우리는 리셉션이 끝난 뒤 다시 뉴욕시 34번가에 있는 한국 식당을 찾아 소주잔도 기울였다. 헨더슨이 늦은 밤 뉴저지에 있는 친지 집으로 떠날 때 우리는 다시 만나자고 손을 잡았다. 그러나 그 뒤 귀국한 필자는 언론학 교수직과 보직 등으로 바쁜 나날을 보내기에 여념이 없어 그와의 교류가 한동안 끊겼었다.

필자가 그와 다시 교류를 시작한 것은 만학도로서 컬럼비아대학 정치학과 대학원에서 수학하기 위해 다시 뉴욕시에 머물게 된 것이 계기가 되었다. 그때가 1987년 초였다. 그때 마침 평소 알고 지내던 월간지 ≪신동아(新東亞)≫ 김종심(金種心) 부장의 의뢰로 보스턴에 살고 있는 헨더슨을 만나게 된 것이다. 뒤에서 살펴보겠지만 헨더슨은 5·16 당시 미 대사관 문정관으로 근무하고 있었다. ≪신동아≫가 필자에게 의도한 것은 헨더슨을 만나 그가 체험한 5·16 비화를 캐달라는 것이었다. 이 기사는 필자가 헨더슨을 만나 인터뷰를 통해 작성한 것으로, ≪신동아≫ 1987년 5월 호에 실렸다(김정기, 1987).

필자가 헨더슨을 만나기 위해 1987년 3월 보스턴에 갔을 때 그는 공항까지 나와 필자를 맞았다. 그는 자기 승용차로 보스턴 근교 웨스트

메드퍼드에 있는 꽤 큰 자신의 저택으로 필자를 데려갔다. 필자는 그곳에서 독일 베를린 태생인 그의 부인 마이아 헨더슨 여사를 처음 만났는데, 그녀는 베를린 샤를로텐부르크에 있는 공립예술대학을 나온 재능 있는 조각가였다. 헨더슨 부인은 서울에 체류할 때 고고학자 김원용(金元龍)상을 조각하기도 했고, 예수의 14계단 십자가 고난상을 조각하기도 했다. 이 예수 고난상은 지금도 서울 혜화동 가톨릭 성당 문을 엄숙하게 장식하고 있다. 필자는 그날 밤 헨더슨 부부가 준비한 음식과 맥주를 즐기며 격의 없는 대화를 나눴다.

필자는 1988년 3월 컬럼비아대학 박사과정을 겨우 마치고 귀국한 뒤, 헨더슨과 몇 차례 편지를 주고받았다. 필자는 그해 10월 16일 돌연 별세하기 전까지 그와 교류한 편지 네 통을 아직도 간직하고 있다. 그것들은 모두 다 그의 책의 한국어 출판에 관한 것이었는데, 당시 진척되지 않고 있던 번역과 출판에 관한 그의 조바심이 담겨 있다. 그가 유명한 『회오리의 한국정치』의 한국어판 출판을 얼마나 간절히 바랐는지가 그 편지글에 묻어난다. 헨더슨은 그때 책이 출간된 지 20년 만에 처음으로 한 장(章)을 추가하는 등 전면적으로 개정했다. 이 개정판 원고가 한울출판사(현재 한울엠플러스)에 의해 출간된 『소용돌이의 한국정치』[이종삼·박행웅 옮김, 2013, 김정기 해제(「소용돌이의 정치모델의 함의」)]이다.

그러나 헨더슨은 그해 10월 16일 자기 집 지붕에 올라가 드리워진 나무의 가지치기를 하다가 떨어져 부상을 입고, 그가 그처럼 바라던 책의 한국어판을 보지 못한 채 돌연한 죽음을 맞았다. 그리고 그의 부인 마이아 여사도 2007년 12월 4일 영면했다. 필자의 책 『국회프락치사건의 재발견』(2008.9)이 나오기 약 1년 3개월 전이었다.

필자가 2006년 10월 하버드대학 옌칭도서관을 찾아 헨더슨 문집을 열람하기 위해 보스턴 근교 자택에 1주간 머물렀을 때, 여사는 80대 고령인데도 아침마다 따뜻한 커피와 토스트를 차려주었다. 여사는 필자가 쓰는 '국회프락치' 책을 간절히 기다렸다. 그러나 이를 보지 못하고 영면한 것에 안타까운 심정을 금할 길 없다.

헨더슨은 도예 미학의 눈으로 조선 도자기를 모은 진지한 수집가다. 그러나 그는 '진지한 수집가'이기는커녕 '문화재 밀반출자'라는 오명에 시달려야 했다. 그는 미 대사관의 문정관이라는 외교관 지위를 이용해 뇌물로 받은 도자기 등 문화재를 빼내 갔다는, 언론 비방의 표적이 되었다. 그러나 필자는 이것이 터무니없는 중상모략이라는 사실을 밝혔다. 그것은 사실 미국 의회가 박정희 정권의 인권 유린 행태에 대해 1974년 7월 말 프레이저 청문회를 열어 헨더슨을 증인으로 채택하자, 그의 신망을 어떻게든 폄훼해 보려고 획책한 모략에 지나지 않는다(김정기, 2008a: 206~222 참조).

게다가 헨더슨이 외교관 월급을 쪼개 하나하나 모은 143점의 도자기 컬렉션은 마이아 헨더슨 여사가 1992년 1월 하버드대학 아서새클러미술관에 기증하여 그곳에 소장되어 있다(김정기, 2008a: 221 참조). 헨더슨이 조선 도자기에 대한 심미안으로 모은 도자기 컬렉션이 산일(散佚)하지 않고 인류 공동의 문화재산이 된 것이다.

### 프락치사건 자료를 넘겨받다

필자는 헨더슨이 1949~1950년 사이에 일어난 국회프락치사건을 연구하고 있다는 사실은 알고 있었으나 그것이 정확히 어느 시점이었는지 기억나지 않는다. 아마도 ≪신동아≫ 인터뷰 건으로 그의 집에 이틀 동안 묵었을 때였을 것으로 짐작한다. 필자는 그때 그 사건에 그다지 주목하지 않았는데, 그것은 필자가 연구하는 주제가 일본 정치였으므로 그럴 여유가 없었다. 또한 국회프락치사건이 제헌국회에서 일어난 중대한 사건이라는 것은 알았지만, 그 사건의 정치적 의미와 내막은 막연해 내게 큰 관심의 대상은 되지 못했다.

필자가 처음으로 프락치사건에 주목하게 된 것은 1987년 10월 어느 날 헨더슨이 낡은 한국어 책 한 권을 건넨 것이 계기가 되었다. 그는 그 책에 등장하는 '반민자', 곧 친일 부역자 명단을 매큔-라이샤워법에 따라 영문으로 바꾸고 내용을 요약해 달라고 필자에게 부탁했다. 그 책이 『반민자죄상기(反民者罪狀記)』(백엽문화사, 1949)다. 헨더슨은 그 책이 미국 국회도서관에 한 권밖에 없다고 했다(그러나 그 책은 우리나라 국립중앙도서관에도 있다). 필자는 그때 뉴욕시 퀸스에 살고 있었는데, 케네디공항까지 나가 보스턴으로 향하던 그에게 책을 건네받았다.

필자는 컬럼비아대학에서 뒤늦은 공부로 바쁜 중에도 그 책에 한문으로 쓰인 수많은 친일 분자의 이름을 영문으로 바꾸고, 그 책이 분류

하는 네 가지 범주의 친일 분자들의 행적을 요약해 주었다.[8] 헨더슨이 『반민자죄상기』에 주목한 이유는 뒤에 살펴보겠지만 프락치사건에 연루된 많은 '소장파' 의원들이 1948년 9월 '반민족행위처벌법'(반민법)을 제정하는 등 친일파 청산에 앞장서 활약한 데 대한 보복으로 프락치사건이 꾸며졌다고 생각했기 때문이다.

필자가 다시 프락치사건으로 눈을 돌린 것은 헨더슨이 1988년 10월 16일 졸지에 별세한 뒤였다. 필자는 그때 미 대사관의 김환수 공보관으로부터 헨더슨의 죽음을 연락받고 안타까운 마음에 영자지 ≪코리아 헤럴드(Korea Herald)≫(1988년 10월 26일 자)에 '초청칼럼(guest column)'으로 부고 기사를 쓰기도 했다.

그 뒤 곧 국회프락치사건에 생각이 이르렀다. 도대체 헨더슨이 생전에 그렇게 몰두하던 프락치사건 연구는 어떻게 되었는가? 그가 연구 결과를 공적인 학술지에 발표했다는 소식을 들은 일이 없고 무덤에 갖고 가지 않았다면 그 연구의 행방은 어찌되었는가?[그 후 알게 된 바로는

8 필자가 2006년 10월 하버드-옌칭 도서관이 소장하고 있는 헨더슨 문집을 열람했을 때 상자 1호에 필자가 당시 써준 『반민자죄상기』에 관한 영문 기록이 포함되어 있었다. '친일 문제(collaboration issue)'로 분류된 이 기록에는 '저자 미상(author unknown)'이라고 쓰여 있었다. 모두 4쪽으로 된 이 영문 기록은 친일 분자들을 네 범주로 나누고 특히 "반민특위 활동과 프락치사건 간의 관계"에서 상관성이 있을 수 있는 사례로서 이종영(≪대동신문≫ 발행인), 노덕술("수도청의 지보적 존재"), 시인 모윤숙을 들고 있다(헨더슨 문집, 상자 1호 '친일 문제'에 관한 영문 기록).

헨더슨이 죽기 직전 이 사건을 인권 차원에서 소상히 다룬 논문을『한국의 인권: 그 역사적 및 정책적 의미』(1991)라는 책에 기고했다는 것을 알았다]. 만일 헨더슨의 연구가 그대로 방치되어 먼지 속으로 사라진다면 안타까운 일이 아닌가?

필자는 궁금증을 풀기 위해 헨더슨 여사에게 물었다. 여사의 대답은 필자가 예상한 그대로였다. 곧 헨더슨이 생전에 연구하던 모든 자료가 아직 그의 서재에 그대로 남아 있다는 것이었다. 그런데 여사는 필자에게 의외의 제안을 했다. 당신이 원한다면, 또 계속해 연구를 이어가겠다고 한다면 연구 자료를 가져가도 된다는 것이었다. 여사는 다만 헨더슨이 육필로 쓴 원고만은 복사해야 한다고 덧붙였다. 필자는 1992년 5월 보스턴의 헨더슨 자택에 가서 육필 자료를 복사했고, 이어 헨더슨 부인이 나머지 자료를 4개의 두꺼운 봉투에 넣어 6월 초 국제우편으로 필자에게 보내주었다.

필자가 헨더슨이 모은 프락치사건 자료의 '짐'을 풀어본 것은 2006년 교수직 정년을 맞은 다음이었다. 물론 그 전에도 잠시 풀어보기도 했지만, 그 짐의 내용물이 복잡하고 방대한 것에 놀라 다시 묶어놓곤 했다. 그러나 짐을 풀고 내용물을 자세히 검토한 결과 필자는 이 사건의 이면에 헨더슨이 구상한 한국 정치담론이 스며 있음을 알게 되었다. 그리고 필자가 받은 헨더슨의 자료가 그의 정치사상과 이론을 엮는 방대한 또 다른 자료와 연결되어 있음도 알게 되었다. 그것이 헨더슨 부인이 1992년 하버드대학 옌칭도서관에 기증한 아홉 상자분의 '헨더슨 문집

(Henderson Papers)'이다. 이 문집을 조사하지 않고는 헨더슨이 구상한 정치담론의 참모습을 알아내기가 쉽지 않을 것이라고 생각했다. 그 뒤 필자는 헨더슨이 행한 40년간의 한국 여행에 동반하게 되었다. 그것은 감춰진 한국 현대사로의 여행이었다.

헨더슨 문집에 관한 이야기는 잠시 뒤로 미루고, 먼저 헨더슨이 추적해 수집한 국회프락치사건 자료에 관해 일별해 보자. 한마디로 이 자료집은 국회프락치 사건에 관련된 거의 모든 중요한 자료가 망라된 것이라고 말할 수 있다. 여기에는 무엇보다도 국내 연구에서 사용한 적이 없는 프락치사건의 모든 공판 기록(이하 헨더슨 공판 기록)과, 당시 미 대사관/ECA 법률고문인 에른스트 프랭켈 박사가 이 재판을 평가한 법률 분석 보고서(이하 「프랭켈 법률 보고서」)가 담겨 있다. 또한 헨더슨 자신이 1972년 세미나 발표를 위해 쓴 프락치사건에 관한 '임시적' 논문과 프락치사건 연구 계획안이 담겨 있다.

헨더슨 공판 기록은 1949년 11월 17일 프락치사건 재판의 첫 공판으로부터 1950년 2월 4일까지 판사가 주재한 사실심리의 모든 기록을 포함한다. 또한 여기에는 1950년 2월 10일, 11일, 13일 열린 결심공판의 모든 기록이 포함되는데, 곧 검사의 논고, 변호사의 변론, 피고인의 최후진술이 담겨 있다. 그러나 같은 해 3월 14일 열린 언도공판에서 판사가 낭독한 판결문은 담겨 있지 않다. 한편, '헨더슨 프락치사건 자료'에는 1970년대 ≪다리≫지가 발굴해 연재한 판결문이 담겨 있다.

현재까지 프락치사건 재판 자료는 오제도 검사가 자신의 글에서 밝혔듯이 한국전쟁의 와중에 공식 기록이 없어진 상태다(오제도, 1982: 397). 그러나 헌병대 수사 기록, 검사의 기소와 논고, 판사의 판결문(≪다리≫지 발굴)이 간접적인 형태로 남아 있다. 따라서 이 헨더슨 공판 기록은 프락치사건 재판 자료의 빈 공터를 메워주는 가장 중요한 자료가 아닐 수 없다.

이 헨더슨 공판 기록에 관해 몇 마디 첨언해 두자. 헨더슨은 이 재판의 공판이 열릴 당시 미 대사관 정치과 소속 국회연락관으로 있으면서 공판이 열릴 때마다 한국인 직원 2명을 공판정에 보내 그곳에서 판사와 피고인, 검사와 피고인, 변호인과 피고인 간에 오가는 신문과 답변을 일어일구 모두 적게 했다. 이 공판 기록은 헨더슨이 1970년대 초 프락치사건을 연구했을 당시까지 완전한 형태로 남아 있는 유일한 형사사건 재판 기록이었다. 현재까지 프락치사건에 관한 국내 연구가 주로 헌병대나 검사의 수사 기록, 또는 논고나 판결을 근거로 삼아 신뢰성 여부를 중심으로 이루어졌다는 것을 감안할 때, 이 자료는 이 사건을 새로운 시각에서 접근할 수 있는 길을 터주는 것이라고 생각한다.

또한 「프랭켈 법률 보고서」는 당시 ECA/대사관 법률고문으로 있던 프랭켈 박사가 법률 전문가의 안목에서 프락치사건 재판의 문제점을 조목조목 법률적으로 짚은 문헌이라는 점에서 중요하다. 특히 사광욱 판사가 이문원이나 서용길이 남로당의 지원을 받아 당선되지 않았느냐고 추궁한 점을 심각한 문제점으로 짚는다. 그들은 판사의 끈질긴 추궁에도 남로당과의 관련 또는 남로당원의 지원을 극구 부인하거나 모른다고 말하고 있다. 그런데 프락치사건 담당 재판부가 5·10 선거에서 남로당의 개입을 문제 삼는 태도가 과연 정당하고 적절한 것인가? 프랭켈 박사는 이 문제를 전혀 다른 각도에서 진지하게 다루면서 재판부의 태도가 당시 대한민국 정부의 국제법적 토대를 심각하게 훼손하는 일이라고 일갈(一喝)한다. 다음은 그가 한 말이다.

> 판사가 신문한 말은 미군정 관할 아래 실시된 1948년 5·10 선거에 관한 것이라고 지적해야겠다. 선거법과 하지 장군이 당시 발표한 성명은 구체적으로 선거 유세의 자유를 규정하고 있으며, 남로당원을 포함한 모든 사람들에게 투표할 권리와 국회의원에 입후보할 권리를 부여하고 있다. 이러한 보장을 근거로 유엔임시한국위원단은 선거가 '자유로운 분위기' 아래 실시되었다는 결론에 이르렀고, 대한민국 정부를 한국의 유일한 합법정부로 인정하라는 권고를 했다. 선거활동과 유세의 자유 원칙을 무시하면서 재판부는 1948년 5·10 선거 전에 일어난 사실관계를 조사했으며, 선거가 치러진 지 약 1년 뒤 그 행위를 유죄로 입증하기 위해 그러한 정황 증거를 이용했다. **재판부는 이러한 문제를 제기함으로써 선거의 공정성에 관한 유엔임시한위의 성명을 심각하게 훼손하고 있으며, 따라서 유엔이 대한민국 정부를 인정한 법적 토대를 훼손한다는 것을 알지 못하는 것이 분명하다**(「프랭켈 법률 보고서」, 6쪽, 강조는 필자).

이 글에서 볼 수 있듯이 유엔임시한국위원단은 선거가 '자유로운 분위기' 아래 실시되었고, 이를 근거로 대한민국 정부를 한국의 유일한 합법정부로 인정하라고 권고했다. 그런데도 판사는 서용길이나 이문원이 남로당의 지원으로 당선된 것이 아니냐고 추궁하고 있다. 이것은 대한민국 정부가 한국의 유일한 합법정부라는 유엔한위의 성명을 심각하게 훼손하고 있다고 짚은 것이다.

헨더슨이 1972년 4월 컬럼비아대학 '한국 세미나'에서 발표한 「1949년 프락치사건(The 'Fraktsia' Incident of 1949)」도 큰 주제가 "법제 발전과 의회민주주의(Legal Development and Parliamentary Democracy)"라는 점에서 헨더슨도 이 사건을 한국의 정치 발전이라는 틀에서 보고 있다 하겠다.

마지막으로 이 자료에는 헨더슨이 1972년 여름 서울에 와서 프락치사건 관련자들과 인터뷰한 육필 원고가 다량 포함되어 있다. 이때의 인터뷰 대상에는 당시까지 생존해 있던 프락치사건 피고인 서용길을 비롯해 프락치사건을 주도한 검사 오제도, 주심판사 사광욱 등이 포함된다.

다음으로 하버드대학 옌칭도서관에 보관된 헨더슨 문집은 헨더슨이 일평생 쌓아 올린 개인적 지성사를 들여다볼 수 있는 창문이다. 필자는 2007년 10월 이 문집을 살피고자 하버드대학 옌칭도서관을 찾았다. 필자는 도서관 측의 배려로 도서관 창고에 보관된 아홉 상자분의 헨더슨 문집을 열람실에서 두루 살필 수 있었지만, 필자가 머문 일주일 동안 모든 자료를 꼼꼼히 모두 챙긴다는 것은 애당초 불가능한 일이었다.

그러나 필자는 헨더슨이 구상한 국회프락치사건의 정치담론을 들여다볼 수 있는 몇 가지 중요 문건을 발견할 수 있었다. 특히 헨더슨이 1950년 11월 30일 한국에서의 임무를 마치고 독일의 새 임지로 가기 직전 쓴 장문의 비망록은 그중의 하나다. '한국에서의 미국의 정치적 목적에 관한 비망록(A Memorandum Concerning United States Political Objectives in Korea)'(이하 '헨더슨 정치비망록')이라는 제목을 단 이 문서는 총 60쪽에 달하는데, 당시 28세의 젊은 미국 외교관이 거의 2년 동안 미국 대사관 정치과에 근무하면서 관찰한 한국 정치에 관한 심층 보고서다. 그는 여기에서 국회연락관으로서 "지근거리에서(at close quarters)" 관찰한 남한 정치의 현실, 정치문제, 그 정치문제의 해결 방안을 미국의 대한정책의 입장에서 진지하게 분석하며 모색하고 있다.

헨더슨은 이 비망록에서 미국이 달성하려는 정책목표는 기본적으로 한국이 공산주의로 넘어가는 것을 막고 친미적 민주주의 정부를 세우는 것이라고 미국 외교관으로서 자신의 견해를 밝히면서, 그러나 민주주의 정부를 세운다는 미국 대한정책의 목표는 실패했다고 적고 있다. 특히 그는 국회프락치사건을 예로 제시하면서 그것은 의회주의에 대한 '쿠데타'라고 지적하고 이 쿠데타를 방치한 미국의 '무대응(inaction)'을 비판한다. 헨더슨이 이 비망록에서 강조한 것은 미국이 '간섭'을 강화해 이승만 독재를 견제하지 않는 한 한국 민주주의의 장래는 암울하다는 것이었다.

필자는 또한 헨더슨 문집에서 그가 한국의 정치, 문화, 역사에 관해 수많은 발표 및 미발표 논문을 남겼음을 발견했다. 이 논문들은 한국의 정치 현실과 정치 문화, 한국의 인권문제, 남북한 관계, 미국의 대한정책 등 주요 주제에 관해 그가 어떻게 생각하고 있는지 들여다볼 수 있는 광범위한 단초를 제공한다. 이 문집에는 헨더슨이 1981년 8월 8~22일간 북한을 방문한 경험을 쓴 장문의 방문기가 들어 있다.[9] 여기에는 국회프락치사건 1심 재판 뒤 북으로 간 국회의원들 중 한 사람과 극적으로 상봉한 이야기가 담겨 있는데, 제2부에서 밝혔듯이 그가 강원도 정선 출신 최태규다. 헨더슨은 최태규를 통해 프락치사건에 관련된 국회의원들이 북한으로 오게 된 경위와 그들의 생활상 등을 들었다.

## 정치재판의 풍경

앞에서도 말했듯이 헨더슨이 남긴 프락치사건 연구 자료도 필자에게는 가치를 헤아리기 힘든 귀중한 문헌이지만, 특히 헨더슨 공판 기록은 우리 사법사에 남아 있는 귀중한 역사적 문헌이다. 이 기록은 국회프락치사건이 정치사건이며 그 재판은 정치재판임을 드러내준다. 무

---

9 이 북한 방문기는 헨더슨 부처의 명의로 적은 것으로, 44쪽에 이르는 미발표 원고이다. 제목은 「북한을 생각하다: 어떤 조우에 관한 수상, 조선민주주의인민공화국 방문, 1981년 9월 8~22일(The North Considered: Ruminations on an Encounter. Visit to the Democratic People's Republic of Korea, September 8~22, 1981)」이다. 이 보고서에는 22쪽의 '소보고서(Sub-Report)'인 '조선민주주의인민공화국의 예술, 고고학 및 고전 건축(Art, Archeology and Classical Architecture in the Democratic Republic of Korea)'이 실려 있다.

엇보다도 사광욱 주심판사가 진행한 공판심리가 다분히 정치적 동기 또는 편견으로 채색된 '정치적' 심리라는 점이 두드러진다. 예컨대 사광욱 판사는 소장파 의원들이 내각책임제 개헌을 논의했다든가, 장관 비행에 대한 조사나 불신임운동과 같은 국회의원들의 정상적인 정치활동마저 남로당 지령으로 행동했다는 식으로 추궁하는가 하면 미국의 철군을 둘러싼 문제에 관해 판사의 정치적 소신을 잣대 삼아 심리를 주도한다.

그 밖에 판사가 그의 숭미관(崇美觀)을 사법적 판단의 잣대로 삼은 점, 우익 정치인의 진술에 무게중심을 둔 점, 친이승만 그룹이 획책한 정파적 전략을 그대로 믿은 점, 그리고 사법적 심리가 아닌 정치 설교 같은 훈화를 했다는 점을 엿볼 수 있다.

주심판사 사광욱은 거의 400쪽에 달하는 판결문을 낭독한 뒤 국회의원 13명 전원에게 실형을 선고했다. 1949년 11월 17일 첫 재판이 열리고 1950년 2월 10일 결심공판이 열린 뒤 3월 14일 유죄 선고를 내린 것이다. 최고 10년에서 3년까지 대체로 검찰에서 구형한 대로였다. 그는 재판심리 중에 드러난 피고인들에 대한 고문 수사나, 검찰이 제시한 '증제 1호'와 '증제 2호' 모두 검증 여부에 개의치 않았음은 물론 변호사들의 무죄 주장을 법리적으로 따져보지도 않았다(김정기, 2008b: 제10장 참조).

## 소결

재판부가 미리 유죄를 예단해 증거를 제멋대로 채택했다는 점에서 국회프락치사건 공판정에서 진술된 모든 증언과 항변은 관례적인 의식으로 끝나고 말았다. 변호인들이 법리적 또는 논리적으로 무죄임을 항변하고 피고인들이 간절한 목소리로 가혹한 고문 실상을 폭로했지만 주심판사는 귀머거리였다. 그 결과 진실을 토로한 증인들의 진술과 변호인들이 호소한 무죄 변론도 메아리 없는 외침이 되고 말았다.

결론적으로 국회프락치사건 재판은 중세의 사제가 주재한 마녀재판에 다름 아니었다. 사제가 마녀로 찍은 이상 '마녀'들이 아무리 발버둥질해 봤자 유죄의 올가미로부터 빠져나올 길은 없었다. 마지막으로 중요한 것은 프락치사건의 조작과 이 조작에 부역한 검사 오제도와 판사 사광욱의 검은 얼굴이 프락치사건의 공판 기록을 남긴 헨더슨의 혜안과 한 방청객이 목격한 육안으로 드러났다는 점이다.

# | 에필로그 |

이 책은 2008년에 출간된 『국회프락치사건의 재발견』의 후속 편이다. 『국회프락치사건의 재발견』과 중복된 이야기도 있지만, 새로운 서사도 포함된다. 제2장 「국회 프락치사건의 조작자들」은 새로운 시각에서 조작자들의 면모를 부각했다. 특히 장경근 차관, 김준연 의원 등은 조작의 장본인들로서 구체성이 드러난다.

제2부에서는 '프락치' 의원들의 가족·후손들이 빨갱이로 낙인찍혀 이승만 정권이 자행한 국가폭력의 표적이 되어 신체적 고문에 이어 영혼의 학대를 당하는 과정을 주목한다. 이것은 이승만 정권의 반공 신화가 휩쓸 광풍의 예고편이다. 그것은 한국전쟁 중에 서울이 수복된 뒤 전국적으로 일어난 이른바 부역자 학살로, 신성균의 아내가 체험한 생지옥 그대로다.

실제로 이승만 정권은 히틀러의 유겐트(Jugend)와 같은 서북청년단을 활용해 전국적으로 학살극을 자행했다. 제주 4·3 사건과 같이 무고

한 양민들을 떼로 죽이는 집단 학살극은 전국 도처에서 일어났다. 한국전쟁'좌익 전향자'라고 하여 보도연맹에 강제로 가입당한 인민들을 집단으로 학살하는 만행을 저지르기도 했다.

제3부는 프락치사건 재판 이야기다. 그런데 여기에서 '프락치' 의원들에게 가해진 고문 수사의 실상이 드러나며, 한 방청객이 육안으로 보았듯이 재판정에서 일어난 오제도 검사의 돌출 행동은 이 재판이 단순한 촌극이 아니라 완전히 엉터리임을 엿볼 수 있는 가늠자이기도 하다.

'프락치' 피고인들이 수사기관에 고문당한 실상이 여실히 드러나고 그 재판마저 엉터리 재판임이 밝혀진 이상 민주화된 대한민국은 국가폭력에 무참히 희생당한 가족과 후손에게 어떤 보상을 해줘야 하지 않을까? '프락치' 국회의원들은 1심에서 유죄 선고를 받고 항소심이 계속(繫屬) 중일 때 한국전쟁이 터져 서용길 한 사람을 제외한 모두가 북행했다. 그 후 '법원재난에 기인한 민형사사건 임시조치법'에 의해 국회프락치사건에 대한 검찰의 공소 자체가 멸실되었다. 그러나 과연 민주화된 우리나라의 사법부가 이 미완의 정치재판 사건을 덮어둔 채로 그냥 방기해도 되는 것인지 의문이 크다.

## '프락치' 반공 신화

'프락치'라는 용어는 국회프락치사건 이래 '빨갱이'라는 말과 함께 한국 사회로부터 저주받은 신화적 존재의 언어로 각인되었다. 누구나 이 말의 덫에 걸리면 그것이 사실이든 아니든 상관없이 중세의 사제가 만들어낸 '마녀'처럼 버림받은 존재가 되어 사회로부터 추방되는 것이 당연시되었다. 프락치와 빨갱이라는 말의 덫에 걸린 사람은 더 이상 사람이 아니라 뿔 달린 도깨비였다. 따라서 가혹한 고문을 받아도, 조작된 증거로 '사법살인'을 당해도 사회적 공론은 이의를 달지 않는 것에 익숙해져 있었다.

전후 일본의 경우 1949년 일본 공산당은 프락치 운동을 활발하게 전개하고 있었다. 남한에서 국회프락치사건이 터졌던 때다. 예컨대 교도통신(共同通信)의 경우 공산당 프락치 그룹이 ≪프락슈(フラッシュ)≫라는 내부 잡지를 창간하고 공산당 세포(細胞)활동을 공식화했다. 당시 미 점령 당국은 일본 공산당을 불법화하지도 않았고, 한국전쟁이 터지자 좌익 언론인들을 공직에서 추방하는 데 그쳤다. 일본 공산당은 극좌 모험주의가 사회로부터 배척받자 '당세포(프락치)'라는 말 대신 '당지부'라는 말로 바꿨다. 일본 공산당은 1952년 4월 '대일강화조약'이 발효되어 미 점령이 공식적으로 종료하자 즉시 당 기관지 ≪아카하타(赤旗)≫를 복간했다.[1]

현해탄을 사이에 둔 두 나라는 프락치라는 말을 두고 이처럼 하늘과 땅처럼 큰 차이를 보였다. 이 차이가 한국전쟁이라는 민족의 대재앙 때

---

1 일본 공산당이 언론계에 전개한 프락치 활동과 미 점령군 민간정보교육국이 이에 대응한 조치에 관해서는 필자가 쓴 『전후 일본정치와 매스미디어』(2006), 130~138쪽을 참조.

문이라고 치부하기에는 한국이 치른 대가가 너무 컸다. 지배권력은 눈엣가시가 된 사람이나 정적에게 '프락치' 또는 '빨갱이'라는 올가미를 씌웠고, 사회는 이를 그대로 받아들였다. 예컨대 이승만 시대에 조봉암이 '간첩'의 올가미가 씌워져 형장의 이슬로 사라졌고, 박정희 시대에 일단의 젊은이들이 '인민혁명당 재건'이라는 올가미를 뒤집어쓰고 처형당했을 때도 우리 사회는 아무 일도 없는 듯 지나갔다.

국회프락치사건은 반공 신화를 우리 사회에 고착시키는 텍스트가 되었다. 이 사건은 1970년대에 인기 반공 드라마가 되어 동아방송이 〈특별수사본부 국회푸락치사건〉으로 각색해 전파를 탔다. 총 120회 이상, 황금시간대인 9시 45분부터 10시까지 방송된 이 반공 드라마는 하도 인기가 좋아 1980년 언론 통폐합이 이루어진 뒤 KBS1 라디오로 옮겨가 〈19호 검사실〉로 재방송되기까지 했다.[2] 이 반공 드라마는 1974년 영화 〈특별수사본부 국회푸락치사건〉으로 다시 태어나 영화제인 대종상 시상식에서 반공영화상을 받는 인기를 누렸다.

이와는 대조적으로 매카시즘 선풍을 거친 미국 사회에서는 극작가 아서 밀러(Arthur Miller)가 쓴 「시련(The Crucible)」(1953)이 대중적인 인

---

2 당시 이 반공 드라마를 연출한 이병준 씨에 의하면 이 방송드라마가 방송되는 시각에 대흥동 자택으로 귀가할 때 온 동네가 시청에 열중한 나머지 길거리가 인기척도 없이 조용했다 한다. 이 드라마의 대본을 쓴 방송드라마 작가 오재호는 대본을 쓴 뒤 이 사건을 수사한 오제도 검사(당시 변호사)에게 내용을 점검받았다고 한다(2006년 6월 27일 이병준과 나눈 대화).

기를 끌었다. 이 연극은 1692년 미국 매사추세츠 세일럼 마을에서 실제로 일어난 마녀재판을 다뤘는데, 매카시즘을 우화화(寓話化)한 것이다. 이 연극은 1957년 프랑스의 실존주의 철학자 장폴 사르트르(Jean-Paul Sartre)가 영화로 개작했고, 1996년 밀러 자신도 영화로 개작했다. 또한 1961년 작곡가 로버트 워드(Robert Ward)가 오페라로 개작하여 절찬 상연되어 그해 퓰리처상을 받았다. 태평양을 사이에 둔 두 반공 국가에서 정치적으로 이용된 마녀재판이 한 나라에서는 반공 교육의 이데올로기적 텍스트로, 다른 나라에서는 맹목적인 반공을 우화화한 이야깃거리로 각각 다른 옷을 입고 나타난 것이다.

# | 헨더슨 부처 연보 |

| | |
|---|---|
| **1922년** | 6월 13일, 보스턴 철도회사 부사장인 아버지 헨더슨과 어머니 그레고리 사이에서 출생. |
| **1938~1940년** | 필립스 엑시터 아카데미(Pillips Exeter Academy)에서 교육받고 최우수학생 2명 중 1명으로 졸업. |
| **1940~1943년** | 하버드대학 수학, 고전학(classics) 전공 최고우등생(magna cum laude)으로 졸업. |
| **1943~1946년** | 미 해병대 소위로 태평양전쟁 참전 일본어 통역관으로 사이판·티니안·이워 전투에 참가. |
| **1946년** | 2~6월, 하버드대 문리과대학원 수학. |
| **1946~1947년** | 하버드대 경영대학원 수학. M.B.A. 학위 취득. |
| **1947~1948년** | 미 국무부 외교직 취업, 캘리포니아대학에서 위탁교육 받음. 조지 매큔 교수의 지도로 한국어와 한국 역사를 익힘. |
| **1948~1950년** | 1948년 7월 중순부터 1950년 10월, 주한 미국 대표부에 3등 서기관으로 근무. |
| **1948년** | 8월 15일, 구(舊)중앙청 광장에서 거행된 대한민국 정부 수립 기념식 참석.<br>대표부 정치과 소속 국회연락관으로 정치 보고와 분석을 담당. |
| **1949년** | 5~8월, 국회프락치사건, 6·6 반민특위 습격 사건, 김구 암살 사건을 국무부에 보고. |
| **1949년** | 11월 17일~1950년 3월 9일, 프락치사건 재판 제1~15회 공판 기록을 국무부에 보고. |
| **1950년** | 6월 11일, 부산 영사관으로 전속돼 한국전쟁을 만남. 유엔군과의 연락 업무 담당.<br>10월 17~20일, 서울 방문. 10월 26일, 「서울의 비극」을 기록.<br>11월 30일, 고향 매사추세츠 케임브리지에서 한국 정치에 관한 장문의 비망록 "A Memorandum Concerning United States Political Objectives in Korea"를 작성해 주한 미 대사관에 제출. |
| **1951~1953년** | 1951년 1월 초부터 미국고등위원회(U.S. High Commission) 베를린 분국에 근무(program and policy officer). |
| **1953~1955년** | 일본 교토 미국문화원 원장. |

**1954년** 베를린 근무 중 만난 베를린 태생의 조각가 마이아 헨더슨(Maia Henderson)과 결혼.

**1955~1957년** 국무부 소속 외교 연구원(Foreign Service Institute) 극동 연구 실장(Director of Far Eastern Studies). 한국어 강의와 일본 및 중국 지역 강의를 맡음. 극동지역 프로그램을 일본, 한국, 타이완에 마련하여 운영함.

**1957년** 5월, 「정다산, 한국지성사 연구(Chong Ta-san, A Study in Korea's Intellectual History)」를 *Journal of Asian Studies*에 발표.

**1957~1958년** 국무부 한국 담당관(Korea Desk Officer)으로서 정치 분석과 정책 담당.

**1958~1962년** 1958년 5월부터 주한 미 대사관 문정관(Cultural Attache).

3~4월, 「고려청자: 문제와 정보의 전거(Koryo Ceramics: Problems and Sources of information)」를 *Far Eastern Ceramic Bulletin*, Vol.X, No.1~2 (1958.5~6)에 기고.

9월, 「한국 문화의 기대」, ≪사상계≫ 1959년 9월 호에 기고.

11월, 전남 강진의 다산초당 방문. 만덕사 근처 산자락의 한 둔덕에서 고려청자 조각들이 흩어져 있는 것을 보고 그 감상문 「검은 계곡의 이야기(A Tale of the Black Valley)」를 씀.

11월~1959년 2월, 외교연구원 극동연구실장 시절부터 구상한 한국 문화 관계 연구 논문을 미국 국회도서관의 양기백과 함께 학술지에 기고(Key P. Yang and Gregory Henderson, 「한국 유교 약사(An Outline of History of Korean Confucianism)」 2편: 제1편 「초기 유교와 이왕조의 파당(The Early Period and Yi Factionalism)」, *The Journal of Asian Studies*, Vol.XVIII, No.1(1958); 제2편, 「이왕조의 유교 학파(The Schools of Yi Confucianism)」, Vol.XVIII, No.2 (1959).

**1959년** 5월, 「한미 간의 문화관계」, ≪국제평론≫, 2호, 1959년 5월 호 기고.

6~9월, 「낙랑 식민지 멸망을 겪은 한국(Korea through the Fall of Lolang Colony)」을 *Koreana Quarterly*, Vol.1, No.1(1959)에 기고.

9월, 「정동 지역과 미국 대사관 구역의 역사(A History of the Chongdong Area and the American Embassy Compound)」를 *Transactions, the Korea Branch of the Royal Asiatic Society*, Vol.XXXV(1959.9)에 기고.

12월, 「시기명문이 있는 후기 고려청지(Dated late Koryo Celadons)」를 *Far Eastern Ceramic Bulletin*(1959)에 기고.

**1962~1963년** 1962년 2월 6일부터 서울 미 대사관 정치국 소속 및 대사 특별보좌관.

**1962년** 2월 6일, 주한 USIA 문정관으로부터 대사관 정치과에 배속.

**1963년** 연초 새뮤얼 버거 대사의 특별 정치보좌관으로 임명.

3월 18~25일, 이른바 '이영희 사건'에 휘말려 기피 인물이 되어 서울로부터 추방됨. 헨더슨은 이 추방 사건에 관해 전후 사정을 기록한 「경력의 종말(End of a Career)」이라는 글을 남김.

12월, 국무부를 떠남. 헨더슨이 국무부를 떠난 배경에 관해 케네디 대통령 시절 백악관 보조관을 지낸 슐레진저(Arthur M. Schlesinger, Jr), 『케네디 백안관의 일천일(A Thousand Days: John F. Kennedy in the White House)』(Boston, Houghton Mifflin Company, 1965)에서 국무부의 관료주의가 한국 전문가를 키우지 못했다고 짚음(413쪽).

**1964~1969년** 하버드대학교 국제문제연구소(Center for International Affairs, Harvard University) 연구요원(Faculty Research Associate) 및 기타 연구원으로 한국을 비롯한 발전도상국 정치 발전 문제를 집중 연구함.

**1964~1965년** 하버드-MIT 공동 정치 발전 세미나에 정기적으로 참여.

**1966년** 2월~1969년 9월, 유엔훈련연구소(United Nations Institute for Training and Research)의 선임연구원(Senior Research Officer).

**1968년** 6월 28일, 주저 『회오리의 한국 정치(Korea: The Politics of the Vortex)』(Harvard University Press, 1968)를 출간.

11월, 「한국의 분단 전망과 위협(Korea's Division: Prospects and Dangers)」(1968)을 발표. 이 논문은 그가 학문적인 관심을 집중하여 한국 분단 문제를 본격적으로 다룬 최초의 논문임.

**1969~1978년** 1969년 9월부터 터프트대학 플레처 법외교대학원 교수(Project Director and Associate Professor of Diplomacy, Fletcher School of law and Diplomacy, Tufts University)로 임명되어 학계에 발을 들여놓음. 한국 문제에 관한 연구논문을 활발하게 발표하고 행동하는 지식인으로 활동.

**1970년** 3월 24일, 한 세미나에서 「역사적 증인: 40년대의 한 친구가 한국의 70년대를 만나다(Historic Witness: A Friend of the Forties Faces Korea's Seventies)」를 발표. 「한국의 냉전 지대는 녹을 수 있을까?(Korea: Can Cold War Ground Thaw?)"를 *War/Peace Report*, Vol.10, No.7(1970.8/9)에 기고.

"Emigration of Highly Skilled Manpower from the Developing Countries," *UNITAR Monograph Series*, No.3(p.213) 발표.

**1971년** Stephen Spiegel·Kenneth Waltz(eds.), *Conflict in World Politics* (Winthrop Publishers, 1971)에 「남북한 갈등 상황(The North-South Korea Conflict Situation)」을 기고.

**1972년** 2월 14일, 뉴욕의 사회과학연구위원회(Social Science Research Council)로부터 국회프락치사건 연구 지원 신청 승인받고, 미화 2550달러 지원받음.

2월 26일, 해롤드 노블, 『전쟁 중의 대사관(Embassy at War)』(1975)에 「그레고리 헨더슨 [전쟁 중] 부산을 말하다」를 서한 형식으로 기고.

4월 21일, 컬럼비아대학 동아연구소에서 열린 한국 세미나에서 「법제의 발전과 의회민주주의, 1949년 프락치사건(Legal Development and Parliamentary Democracy: The 'Fraktsia' Incident of 1949)」을 발표. 이 발표는 국회프락치사건의 예비 논문으로 작성한 보고서에 근거함.

7월 중순, 국회프락치사건 연구 자료 수집 및 관계자들과의 인터뷰 차 7월 22일~8월 하순까지 한국 방문. 오제도 변호사, 사광욱 대법관을 비롯해 김태선(프락치사건 당시 시경 국장), 선우종원(프락치사건 재판 관여 검사), 신순원(프락치사건 재판 변호인), 서용길·설국환(언론인: 소장파 의원들의 외국 철수 결의안 영문 번역) 등 여러 사람을 인터뷰함.

**1973년**

「터무니없는 한국 분단(Korea: The Preposterous Division)」(1973)을 *Journal of International Affairs*, Vol.27, No.2(1973)에 기고.

「일본의 조선: 이민, 잔인성, 발전의 충격(Japan's Chosen: Immigrants, Ruth lessness and Developmental Shock)」을 Andrew Nahm(ed.), *Korea Under Japanese Rule* (1973)에 기고.

5월, 「한국이 아직 위험하다(There's Danger in Korea Still)」라는 장문의 기사를 라이샤워 교수와 함께 *New York Times Magazine*(1973.5.23)에 기고.

9월, 미국정치학회(American Political Science Association) 1973연차 총회(9월 4~8일, 뉴올리언스 루이지애나 정호텔에서 개최)에서 「미국 대외 정책에서 한국 현 정책의 효과와 전망(Korea in United States Foreign Policy: The Effects and Prospects of Present Policies)」이라는 논제로 기조연설.

**1974년**

Richard N. Lebow and John G. Stoessinger, 『분단 세계의 분단국가(Divided Nations in a Divided World)』를 저술. 이 책에 분단국가로서 「한국(Korea)」 편을 기고.

하버드대학 제롬 코언 법학교수와 함께 ≪뉴욕타임스≫ 5월 28일 자에 게재한 서한에서 미국 의회가 한국 인권청문회를 열 것을 공개적으로 요청. 그 한 달 뒤 박정희 유신정권은 이른바 '도자기 사건'으로 핸더슨을 음해함.

6월 18일, 문공부 산하 기관인 문화재보호협회 회장 이선근은 국내외 기자회견을 열어, 헨더슨이 소장한 한국 전통 도자기 등 143점의 문화재는 그가 외교적 특권을 이용해 불법으로 반출한 것이니 한국에 되돌려 주어야 한다고 주장.

8월 5일, 열린 미국 의회 남한 인권청문회[7월 30일, 8월 5일, 12월 20일 세 번 열린 일명 프레이저 청문회(Fraser Hearings)]에 출석해 증언. 이 청문회에서 「남한의 정치탄압(Political Repression in South Korea)」이라는 논제 성명을 발표하고 의원들의 질문에 응해 증언함. 그의 성명과 증언은 미국 하원 외교위원회가 발간한 『남한의 인권: 미국 정책에 함유된 의미(Human Rights in South Korea: Implications for U. S. Policy, Hearings Before the Subcommittees on Asian and Pacific Affairs and on International Organizations and Movements)』에 수록되어 있다. 여기서 헨더슨은 미국의 모든 대한 원조는 기본적 자유를 보장하는 헌정으로 즉시 복귀할 것을 조건으로 해야 한다고 역설.

| | |
|---|---|
| **1976년** | 3월 17일, 프레이저 청문회에 출석하여 미국 내 한국 중앙정보부 요원들이 교포들의 인권을 유린하고 있다고 증언. 그가 준비한 「미국 내의 한국 중앙정보부 활동(The Activities of the Korean Central Intelligence Agency in the United States)」이라는 문서가 청문회에서 발간한 책자에 수록.<br><br>「한국: 군사적 정책인가 통일정책인가(Korea: Militarist or Unification Policies?)」를 William J. Brands(ed.), *The Two Koreas in East Asian Affairs*(Council for Foreign Relations, 1976)에 기고.<br><br>「남한의 방위와 평화: 미국의 딜레마와 정책우선순위(South Korea's Defense and Northeast Asia's Peace: American Dilemmas and Priorities)」를 컬럼비아대학 한국 세미나에서 발표(같은 논문을 1977년 하버드 포럼 세미나에서도 발표).<br><br>≪뉴욕타임스≫ 9월 18일 자에 게재된 편집자 서한에서 1976년 3월 1일 '3·1 민주구국선언사건'(세칭 명동사건)으로 체포된 한국의 저명한 민주 인사들이 대통령 긴급조치 위반으로 전원 유죄판결을 받자, 이에 대해 박정희 정권이 인권 유린을 자행하고 한국의 사법이 이에 놀아났다고 규탄. 여기에 서명한 인사들은 헨더슨을 비롯해 하버드대학의 라이샤워 교수와 코언 교수, 뉴턴 터버 목사, 그리고 한국 측 인사로는 김재준(金在俊) 목사(캐나다 지역 한국민주통일연합회 의장), 폴 유(劉基天) 형법학 교수(전 서울법대 학장 및 서울대 총장) 등임. |
| **1977년** | 「새로운 한국 정책의 우선순위(New Korean Policy Priorities)」을 미국 대한정책 신방향위원회(Committee for a New Direction for US Korean Policy)에 제출 발표. |
| **1978년** | 아시아연구학회(Association for Asian Studies) 제30년차 총회(1978년 4월 1일 일리노이주 시카고 팔마하우스에서 개최)에서 토론 논문 「한반도의 무력, 정보 그리고 불안의 가중(Arms, Information and the Rise of Insecurity in the Korean Peninsula)」을 발표. |
| **1980~1984년** | 독일의 루르(Ruhr)대학, 보훔(Bochum)대학, 자유베를린(Free Berlin)대학에서 한국학 담당 객원교수로 강의 및 연구. |
| **1980년** | 6월 3일 자 서한에서 전두환 신군부 세력이 광주 만행을 저질렀는데, 이는 미군 사령관 위컴이 승인한 것이라고 주장(헨더슨 프락치사건 자료, 1980년 6월 3일 서한, 서독 보훔).<br><br>1980년대 초부터 헨더슨은 광범위한 신문 기고 활동을 벌임. 특히 ≪보스턴 글로브≫에는 정기 기고를 했으며, 미국의 3대 전국지 ≪뉴욕타임스≫, ≪워싱턴포스트≫, ≪LA타임스≫에 그의 칼럼 기사가 단골로 실림. 그 밖에 ≪크리스천 사이언스 모니터≫, 홍콩에서 발간되는 ≪파 이스턴 이코노믹 리뷰≫, 한국의 ≪코리아 헤럴드≫에도 자주 기고. |
| **1981년** | 9월 8일~22일간 마이아 여사와 함께 북한 방문. 「북한을 생각하다: 어떤 조우에 관한 묵상(The North Considered: Ruminations on a Certain Encounter)」, 「조선민주주의인민공화국의 예술, 고고학, 옛 건축물(Art, Archaeology, Classical Architecture in the Democratic People's Republic of Korea)」이라는 제목으로 장문의 방문기를 남김. |

**1982년** 「미한 관계에서의 제도적 왜곡(The Institutional Distortion in American Korean Relations)」을 *Korea Scope*, Vol.III, No.5(1982)에 기고.

**1983년** 10월 6일 자 편지 글에서 1980년 5월 특전사 군인들이 자행한 광주학살 당시 미국 사령관 위컴이 특전사 투입을 승인했다고 주장. 그러나 광주 만행 당시 주한 미국 대사직이었던 글레이스틴(William H. Gleysteen, Jr.)은 헨더슨에게 10월 6일 자로 서한을 보내 "그런 주장은 진실이 아닐뿐더러 당시 위컴 장군의 역할을 왜곡했다"라고 반박함. 그 뒤 두 사람 사이에 반박과 재반박이 이어지지만(헨더슨 11월 11일 반박, 글레이스틴 11월 30일 재반박), 결국 그로부터 13년 뒤 한 탐사보도에 의해 사실로 밝혀짐. 탐사 저널리스트 팀 셔록(Tim Sherrock)은 1996년 2월 전두환과 노태우가 재판에 회부된 것을 계기로 '정보자유법'에 의거해 국무부로부터 약 150쪽에 이르는 기밀 전문을 얻어냄. 이 기밀 전문은 광주학살 즈음 미국의 글레이스틴 대사를 비롯해 국무부 차관 워런 크리스토퍼(Warren Christopher)와 리처드 홀부르크(Richard Holbrooke) 아태 문제 담당 차관 간에 오고 간 기밀 문건이다. 이에 의하면 서울과 워싱턴의 미국 관리들은 특전사 부대 사용 계획을 사전에 알고 이를 승인한 것으로 나와 있음[김정기, 제5장 「4. 광주 학살의 책임을 따지다」, 『특전사 부대 사용을 승인한 미국』, 232~248쪽(2008a) 참조].

「한국의 군사화와 미국: 정치발전에 미친 효과(The United States and the Militarization of Korea: The Effects on Political Development)」를 *Korea Scope*, Vol.III, No.2(1983.10)에 기고.

**1985~1991년** 다시 미국에 귀환해 하버드대학 페어뱅크 동아연구소(Fairbank Center for East Asian Research) 연구원으로 한국 정치 분야 연구에 주력. 헨더슨은 1988년 10월 16일 세상을 떠나지만 그가 별세하기 직전까지 왕성하게 쓴 논문들이 1991년까지 출간.

**1985년** 8월 12~13일, 한미 안보학술대회의 토론자로 참석해 문제의 위컴 장군의 특전사 투입 승인에 관해 스틸웰 장군과 논쟁을 벌임. 이어 그는 리브시 주한미군 사령관 앞으로 편지를 보내 확실한 정보원을 근거로 다시 위컴 장군 승인 주장.

**1986년** 「한국의 전통적 군: 오랜 영역, 새로운 가설(Korea's Traditional Military: Old Territory, New Hypotheses)」을 *The Korean Journal of International Studies*, Vol.XVII, No.3(1986)에 기고.

**1987년** 한국정치학회 제7차 공동 학술회의에 제출한 논문 「주한미군 사령부: 정치적 위험(American Command in Korea: The Political Dangers)」이 이 회의 회의록 『전환기의 한국 정치(Korean Politics in the Period of Transition)』에 수록. 같은 제목의 글이 *Far Eastern Economic Review*(1987.9.24) a Fifth column에 게재됨.

「한국 정치(The Politics of Korea)」를 John Sullivan·Roberta Foss(eds.), *Two Koreas: One Future?*(1987)에 기고.

**1987~1988년** 1987년 3월~1988년 6월, 『회오리의 한국 정치』 제2판 원고를 작성해 김정기 한국외국어대학 교수에게 넘기는 등 저술 활동에 전념.

| | |
|---|---|
| **1988년** | 8월, 「한국 학생의 운동(Student Activism in Korea)」을 Ilpyong Kim·Young Whan Kihl(eds.), *Political Change in South Korea*(A Professors World Peace Academy Book, 1988.10)에 기고. |
| **1989년(사후)** | 「1950년의 한국(Korea, 1950)」을 James Cotton·Ian Neary(eds.), *The Korean War in History*(맨체스터대학 출판부, 1989)에 기고.<br>*Encyclopedia Americana* (1989년판)에 "Korea-History and Government of the Republic of Korea"를 기고. |
| **1991년** | 「1945~1953년 남한의 인권(Human Rights in Korea)」을 William Shaw(ed.), *Human Rights in Korea: Historical and Policy Perspectives* (하버드 법대 동아시아 법 연구 사업 출판, 1991). 이 논문은 국회프락치사건을 중요한 소재로 다룸. |
| **1988년** | 헨더슨은 두 권의 저서를 집필 중이었는데, 하나는 *The United States and Korea*로 하버드대학 출판부 미국 대외정책도서관과의 출판 계약 아래 연구에 몰두하고 있었으며, 다른 하나는 *Korean Civilization, Past and Present*로 디킨스 출판사(Dickenson Publishing Co.)에서 출판할 예정이었음.<br>10월 16일, 집 지붕에 올라가 가지치기를 하다가 떨어지는 바람에 부상을 입어 향년 66세로 돌연 세상을 떠남. |
| **2007년** | 12월 14일 마이아 헨더슨 여사 영면. |

## | 참고문헌 |


강원용. 2003.『역사의 언덕에서』(전 4권). 한길사.

______. 2013.「전쟁의 땅 혁명의 땅」.『역사의 언덕에서: 젊은이에게 들려주는 나의 현대사 체험』, 제2권. 한길사.

고원섭 엮음. 1949.『反民者罪狀記』. 백엽문화사.

국회사무처. 1987.『제헌국회속기록』(전 10권). 대한민국 국회 발행, 여강출판사 영인.

김남식. 1984.『南勞黨 연구』. 돌베개.

김삼웅. 2009.「국회프락치사건과 서대문형무소」.

김삼웅 외 엮음. 1964.『반민특위: 발족에서 와해까지』. 가람기획.

김세배 엮음. 1964. "국회 내 남로당푸락치사건."『좌익사건실록』, 상권(1945.8.15~1950.6.24), 623~816쪽. 대검찰청.

김정기. 1986, Kim Jong-ki, "Korean Journalism: An Endangered Species of the Free Press, 컬럼비아 대학 University Seminar 발표, 1986년 12월 4일.

______. 1987. "케네디 5·16 진압 건의 묵살." ≪신동아≫, 1987년 5월 호.

______. 2006.『전후 일본정치와 매스미디어』. 한울.

______. 2008a.『국회프락치사건의 재발견 I』. 한울.

______. 2008b.『국회프락치사건의 재발견 II』. 한울.

______. 2008c.『국회프락치사건 재판기록』. 한울.

김진휴. 2012.『山河, 恩惠의 삶: 金秦休 回顧錄』. 정민사.

김태호. 1982.『끝나지 않은 심판』. 삼민사.

김호익. 1949.『韓國에서 最初로 發生한 國際間諜事件: 一名 金昊翊 搜査日記』. 삼팔사.

노시선 유고. 지은이 소장.

대한민국건국10년지 간행회. 1956.『대한민국건국10년지』.

동아일보사. 1975.『비화: 제1공화국』, 제2권 "국회푸락치사건" 편. 홍자출판사.

민세선집간행위원회. 1992. 『민세 안재홍 선집』, 4. 지식산업사.
박명림. 1996. 『한국전쟁의 기원』, I·II. 나남.
박원순. 1989. 「국회프락치사건 사실인가」. ≪역사비평≫, 1989년 가을호.
백운선. 1992. 「제헌국회 내 소장파에 관한 연구」. 서울대학교 사학과 박사학위 논문.
서용길. 1989. 「제헌국회 푸락치사건 진상」. ≪민족통일≫, 1989년 12월 호.
서중석. 1996. 『한국현대민족주의운동 2』. 역사비평사.
선우종원. 1965. 『망명의 계절』. 신구문화사.
______. 1989. 「국회프락치사건과 서경원」. ≪북한≫, 1989년 9월 호.
______. 1992. 『사상검사』. 계명사.
송남헌. 1982. "정치암살." 『전환기의 내막』. 조선일보사.
신현국. 2018. 『아버지를 위한 辯論』. 에세이스트.
아렌트, 한나(Hannah Arendt). 2019. 『책임과 판단』. 서유경 옮김. 필로소픽.
양한모. 1982. 「남로당」. 『전환기의 내막』. 조선일보사 출판국
______. 1990, 『조국은 하나였다』. 일선기획.
유영구. 「거물간첩 성시백 비화(상·하)」. ≪월간중앙≫, 1992년 6~7월 호
______. 1993. 『남북을 오간 사람들』. 도서출판 글.
오재호. 1972. "붉게 물든 그림자: 국회푸락치사건." 『특별수사본부』(전 21권), 제3권. 청담문학사.
오제도. 1957. 『사상검사의 수기』. 창신문화사.
______. 1970. 「남로당국회프락치사건」. ≪세대≫, 1970년 9월 호.
______. 1982. "국회프락치사건." 『전환기의 내막』. 조선일보사.
윤민재. 2004. 『중도파의 민족주의운동과 분단국가』. 서울대학교 출판부.
이태호. 1991. 『[현대사 실록] 압록강변의 겨울: 납북요인들의 삶과 통일의 한』. 다섯수레.
정경모. 2002. 『찢겨진 산하: 김구·여운형·장준하가 말하는 한국현대사』. 한겨레신문사.
제민일보 4·3 취재반. 1994~1997. 『4·3은 말한다: 大河實錄 제주민중운동사(4권 시리즈)』. 전예원.
허종. 2003. 『반민특위의 조직과 활동』. 선인.
헨더슨, 그레고리(Gregory Henderson). 2000. 『소용돌이의 한국정치』. 박행웅·이종삼 옮김. 한울.
≪다리≫, 1972년 4~8월 호. 미발표 자료 "국회푸락치사건 판결문"(전문 5회 연재).
≪동아일보≫, "고문정치의 실상." 1975년 2월 28일 자.
≪민족21≫, 2004년 5월 호, "평양룡성구역 '재북인사'들의 묘역을 가다: 62기 중 안재홍, 이광수, 김효석, 조헌영 … 좌우인사 39명 묘소 최초 공개."

鄭敬謨. 1984.『断ち裂かれた山河: 雲上鼎談·韓国現代史』. 影書房.

Ernst Fraenkel. 1950, "Legal Analysis of the Case of Thirteen Members of the National Assembly." 하버드-옌칭 도서관(Harvard-Yenching Library) 소장.

Gregory Henderson. "A Memorandum Concerning United States Political Objectives in Korea"(Gregory Henderson. Vice Consul. November 30th, 1950. Cambridge, Massachusettes, Box 1. official correspondence and memorandum_wartime).

______. "Dear Friends." 1950년 10월 26일. 헨더슨 프락치사건 연구 자료. 지은이 소장.

______. "The 1949 Fraktsiya Incident: Law and Politics in the Republic of Korea." 헨더슨 프락치사건 연구 자료. 지은이 소장.

______. 1968. *Korea: The Politics of Vortex*. Harvard University Press.

______. 1972. "Legal Development and Parliamentary Democracy: The 'Fraktsiya' Incident of 1949." 헨더슨 프락치사건 연구 자료. 지은이 소장.

______. 1981. "The North Considered: Ruminations on an Encounter." 헨더슨 프락치사건 연구 자료. 지은이 소장.

______. 헨더슨 문집 9상자(Henderson Papers, nine boxes). 하버드-옌칭 도서관(Harvard-Yenching Library) 소장.

Gregory Henderson and Ernst Fraenkel. 1950. "Legal Analysis of the Case of Thirteen Members of the National Assembly." 헨더슨 프락치사건 연구 자료. 지은이 소장.

Kim Woo-sik, *The Autobiography of Kim Woo-sik*.

Robert T. Oliver. 1978. *Syngman Rhee and American Involvement in Korea, 1942~1960: A Personal Narrative*. Panmun Book Company.

State Department of the United States. 1947~1952. *Foreign Relations of the United States(FRUS)*.

## | 찾아보기 |

[인명]

[용어]

ㅊ·ㅍ



ㅎ



## 기타



## 책·잡지·보고서

지 은 이

## 김정기

현재 한국외국어대학교 미디어커뮤니케이션 학부 명예교수이다. 서울대학교 법과대학(1963)을 졸업하고, 동 대학 행정대학원에서 행정학 석사학위(1966)를, 미국 컬럼비아대학에서 정치학 박사학위를 취득(1992)했다. 한국언론학회 회장(1996~1997), 한국외국어대학교 서울캠퍼스 부총장(1998.9~1999.9), 방송위원회 위원장(1999.9~2002.1), 한국 정치커뮤니케이션학회 회장(2003~2005)을 지냈다.

- 주요 저서: 『미의 나라 조선: 야나기, 아사카와 형제, 헨더슨의 도자 이야기』(2010), 『국회프락치사건의 재발견』 I·II(2008), 『전후 일본정치와 매스미디어』(2006), 『전환기의 방송정책』(2003), 『우리 언론의 숨겨진 신화 깨기』(1999), 『분단국가의 언론정책』(1995) 외 다수.
- 이메일: jkkim63@hotmail.com

# 국회프락치사건의 증언



**지은이** 김정기

**펴낸이** 김종수 | **펴낸곳** 한울엠플러스(주) | **편집책임** 최진희

**초판 1쇄 인쇄** 2021년 4월 20일 | **초판 1쇄 발행** 2021년 5월 7일

**주소** 10881 경기도 파주시 광인사길 153 한울시소빌딩 3층

**전화** 031-955-0655 | **팩스** 031-955-0656 | **홈페이지** www.hanulmplus.kr

**등록번호** 제406-2015-000143호

Printed in Korea.

**ISBN** 978-89-460-8052-2 93340 (양장)
978-89-460-8053-9 93340 (무선)

* 책값은 겉표지에 표시되어 있습니다.